토마스 아퀴나스 신학대전 26

원죄

정 현 석 옮김

제2부 제1편
제81문 - 제85문

신학대전 26
원죄

2021년 7월 15일 교회인가
2021년 12월 10일 1판 1쇄 발행
2021년 12월 20일 1판 2쇄 발행

간행위원 | 손희송 주교   정의채 몬시뇰   이재룡 신부(위원장)
　　　　　안소근 수녀   윤주현 신부   이상섭 교수   정현석 교수
지은이 | 토마스 아퀴나스
옮긴이 | 정현석
펴낸이 | 이재룡
펴낸곳 | 한국성토마스연구소

25244 강원도 횡성군 우천면 경강로산전7길 28-53
등록 | 제2018-000003호 2018년 6월 19일
전화 | 033) 344-1238
ⓒ 한국성토마스연구소

보급 | 기쁜소식
전화 | 02) 762-1194 팩스 | 741-7673

값 20,000원

ISBN 979-11-973744-4-9 94160

ISBN 979-11-969208-0-7(세트) 94160

Summa Theologiae, vol.26
by St. Thomas Aquinas

Korean translation copyright ⓒ 2021 by St. Thomas Institute in Korea
All rights reserved
Published by St. Thomas Institute in Korea

이 책은 저작권법에 따라 보호를 받는 저작물이므로 무단전재와 복제를 금지하며, 이 책의 내용 전부 또는 일부를 이용하려면 반드시 저작권자와 한국성토마스연구소의 서면 동의를 받아야 합니다.

토마스 아퀴나스 신학대전 26

원죄

S. Thomae Aquinatis
SUMMA THEOLOGIAE

정 현 석 옮김

제2부 제1편
제81문 - 제85문

한국성토마스연구소

차 례

성 요한 바오로 2세 교황의 격려와 축복의 말씀 / vii
교황 레오 13세의 회칙 발췌문 / xii
성 요한 바오로 2세 교황의 회칙 발췌문 / xv
『신학대전』 완간을 꿈꾸며 / xx
『신학대전』 간행계획 / xxiii
일러두기 / xxv
일반 약어표 / xxix
성 토마스 작품 약어표 / xxxi
'원죄론' 입문 / xxxvi

제81문 인간 편에서 원죄의 원인에 대하여 / 3
제1절 우리 원조의 최초의 죄는 출생을 통해 그의 후손에게 전해졌는가? / 5
제2절 원조 혹은 가까운 조상의 다른 죄도 후손에게 전해지는가? / 19
제3절 원조의 죄는 모든 인간에게 출생을 통해 전해지는가? / 27
제4절 기적적으로 인간의 살로 빚어진 인간도 원죄를 걸머지는 것인가? / 33
제5절 설령 아담이 아니라 하와가 죄를 지었더라도 후손들이 원죄를 걸머질 것인가? / 39

제82문 원죄의 본질에 대하여 / 45
제1절 원죄는 습성인가? / 45
제2절 한 인간에게 여러 원죄가 있는가? / 51
제3절 원죄는 욕망인가? / 57
제4절 모든 사람에게 원죄는 동등하게 있는가? / 63

제83문 원죄의 주체에 대하여 / 71
   제1절 원죄는 영혼보다 육신에서 더 큰 것인가? / 71
   제2절 원죄는 영혼의 능력보다는 영혼의 본질에 우선적으로 자리 잡고 있는가? / 81
   제3절 원죄는 [영혼의] 다른 능력에 앞서 의지를 오염시키는가? / 87
   제4절 앞에서 다룬 능력들은 다른 것들보다 더 오염되는가? / 91

제84문 어떤 죄가 다른 죄의 원인이 되는 데 따른 죄의 원인에 대하여 / 97
   제1절 탐욕은 모든 죄의 뿌리인가? / 99
   제2절 교만은 모든 죄의 단초인가? / 105
   제3절 교만과 인색 외에 다른 특수한 죄들도 죄종(罪宗)이라 일컬어야 하는가? / 113
   제4절 칠죄종을 타당하게 거론하는 것인가? / 119

제85문 죄의 결과에 대하여 / 131
   제1절 죄는 본성의 선함을 축소시키는가? / 133
   제2절 인간 본성의 선함 전체가 죄로 인해 사라질 수 있는가? / 139
   제3절 나약함과 무지함, 그리고 악의와 욕망을 죄의 결과로서 본성이 입은 상처로 간주하는 것은 적절한가? / 149
   제4절 양태와 상과 질서의 결핍은 죄의 결과인가? / 155
   제5절 죽음과 그 밖의 육체적 불행도 죄의 결과인가? / 161
   제6절 죽음과 그 밖의 결함은 인간에게 본성적인 것인가? / 167

주제 색인 / 178
고전작품 색인 / 184
성경 색인 / 186

FROM THE VATICAN

April 26, 1994

Dear Father Tjeng,*

His Holiness Pope John Paul II was indeed pleased to learn that a Korean translation of the *Summa Theologiae* of Saint Thomas of Aquinas is being published. He warmly encourages you and your collaborators in this enterprise, which will lead not only to a better knowledge of the teachings and method of the one whom Pope Leo XIII called "inter Scholasticos Doctores, omnium princeps et magister"(Leo XIII, *Aeterni Patris,* No. 22), but also to a most fruitful encounter between Christian philosophy and theology and the intellectual traditions of Korea.

Only recently, His Holiness referred to the unique place of Saint Thomas in the history of thought by stating that "the philosophical and theological synthesis which he elaborated is a solid, lasting possession for the Church and humanity"(*Great Prayer,* 16 March 1994, No. 6). That synthesis flows from the principle that there is a profound and inescapable harmony between the truths of reason and those of faith.(cf. *Address to*

---

* The Reverend Paul Tjeng Eui-Chai

성 요한 바오로 2세 교황의 격려와 축복의 말씀

친애하는 정의채 바오로 신부님,

교황 요한 바오로 2세 성하께서는 성 토마스 아퀴나스의 『신학대전』이 한국어로 번역·출판되고 있다는 소식을 들으시고 매우 기뻐하십니다. 이 작업에 참여하는 이들을 따뜻한 마음으로 격려하십니다. 이 작업은 교황 레오 13세 성하께서 "스콜라 학자들의 수장(首長)이며 스승"(레오 13세, 『영원하신 아버지』 22항)이라고 부르신 성 토마스의 가르침과 방법에 대해 보다 깊은 이해를 하게 할 뿐만 아니라 그리스도교의 철학과 신학이 한국의 전통 사상과 만나 매우 풍요로운 결실을 맺게 할 것입니다.

교황 성하께서는 최근에도 "성 토마스가 집대성한 철학적·신학적 종합은 교회와 온 인류의 건실하고 항구한 자산입니다."(『위대한 기도』 1994년 3월 16일, 6항)라고 하시어, 사상사(思想史)에 있어 성 토마스가 차지하는 독보적인 위치를 확인하셨습니다. 성 토마스가 이룩한 종합은 이성의 진리와 신앙의 진리 사이에는 근본적이고 불가피한 조화가 존재한다는 원리로부터 비롯됩니다.(제8차 국제 토마스 회의에서의 말씀: 1980년 9월 13일, 2항 참조)

Eighth International Thomistic Congress : 13 September 1980, No. 2)

The heart of Saint Thomas' reflection is man's relationship to God, his Creator and Lord. He sees man as proceeding from creative divine wisdom and returning to the Father on the basis of an elevation of the human intellect and will, through the grace of Christ's redemptive love. Indeed, he defines man as "the horizon of creation in which heaven and earth join, like a link between time and eternity, like a synthesis of creation."(Ibid., No. 5)

For Saint Thomas, true philosophy should faithfully mirror the order of things themselves, otherwise it ends by being reduced to an arbitrary subjective opinion. "This realistic and historical method, fundamentally optimistic and open, makes St. Thomas not only the 'Doctor Communis Ecclesiae', as Paul VI calls him in his beautiful Letter *Lumen Ecclesiae,* but the 'Doctor Humanitatis', because he is always ready and disposed to receive the human values of all cultures."(Ibid., No. 4) Is this approach itself not a solid point of contact with the great philosophical systems of the East and a sure promise of a very fruitful dialogue between the intellectual traditions of East and West? Such a dialogue in turn is the obligatory path of the progress of human culture, as well as a requisite for a deeper inculturation of Christianity among the peoples of the vast continent of Asia.

His Holiness values the present translation as an important contribution to these lofty goals. He invokes an abundance

성 토마스 사상의 핵심은 인간이 자신의 창조자이며 주님이신 하느님과 인간이 맺고 있는 관계입니다. 성 토마스는 인간을 하느님의 창조적 지혜에서 출발하여, 인간 자신의 지성과 의지를 고양(高揚)시키는 그리스도의 구원적 사랑의 은총에 힘입어 아버지께로 다시 돌아가는 존재로 봅니다. 바로 그렇기 때문에 성 토마스는 "인간을 하늘과 땅이 만나는 창조의 지평, 시간과 영원의 연결 고리, 또는 창조의 종합"으로 정의합니다.(같은 곳, 5항)

사실 성 토마스가 보기에 참다운 철학이란 실재 자체의 질서를 성실하게 반영하여야 합니다. 만일 그렇지 못하다면 철학이란 한낱 인위적인 주관적 견해로 전락하고 말 것입니다. "근본적으로 낙관적이고 개방적이며, 실재주의적이고 역사적인 이 방법은, 바오로 6세 성하께서 『교회의 빛』이라는 아름다운 서한에서 그를 지칭한 것처럼, 성 토마스를 '교회의 보편적 스승'일 뿐만 아니라 '인류의 스승'이 되게 해 줍니다. 그것은 성 토마스가 언제나 모든 문화 속에 포함되어 있는 인간적 가치들을 받아들일 준비가 되어 있기 때문입니다."(같은 곳, 4항) 이러한 그의 입장이야말로 동양의 위대한 철학 체계들과의 만남을 가능케 하는 건실한 기반이자, 동(東)과 서(西)의 지성적 전통 사이의 창조적 교류를 약속하는 것이 아니고 무엇이겠습니까? 그리고 이와 같은 교류는 인류 문화가 발전해 가야 할 도정(道程)임과 동시에 아시아라는 방대한 대륙에 사는 민족들에게 그리스도교가 더 깊이 토착화되기 위한 필수조건인 것입니다.

교황 성하께서는 현재 진행되고 있는 번역 작업을 그런 숭고한 목적을 달성하는 데 기여하는 중요한 작업으로 평가하고 계십니다. 교

of divine blessings upon the authors, publishers and readers of this masterpiece of Christian philosophy and theology.

With good wishes, I am

Sincerely yours in Christ,

Card. Angelo Sodano

Cardinal Angelo Sodano
Secretary of State

황 성하께서는 그리스도교 철학과 신학에 관한 이 위대한 걸작을 번역하는 이와 출판하는 이와 읽는 이 모두에게 주님의 풍성한 축복이 내리기를 기도드리십니다.

1994년 4월 26일

그리스도 안에서 만사형통하시기를 빌며,
바티칸국 국무성 장관
추기경 안젤로 소다노

교황 레오 13세의 회칙 발췌문

『영원하신 아버지』(Aeterni Patris, 1879)

[1879년 8월 4일에 반포된 이 회칙의 원제목은 『가톨릭 학교들에서 성 토마스 데 아퀴노의 정신에 따라 교육되어야 하는 그리스도교 철학에 관하여』(De philosophia christiana ad mentem sancti Thomae Aquinatis Doctoris Angelici in scholis catholicis instauranda)이다.]

30. 그러므로 더할 나위 없이 타당한 이유를 가지고 상당수의 철학자들이 철학을 쇄신하기 위해서는 토마스 데 아퀴노의 놀라운 가르침을 그 순수한 광채 속에서 회복시켜야 한다고 믿고 헌신적으로 투신하였습니다.

그리고 저에게, 이 '천사적 박사'라는 수원(水源)으로부터 영구히 풍부하게 흘러넘치는 가장 순수한 지혜의 강물을 온 세계 젊은이들에게 넉넉하게 마시게 하는 일보다 더 소중하고 바람직한 일은 없다는 점을 모든 이에게 확실하게 일러두는 바입니다.

32. 그리고 신앙에서 멀어져서 가톨릭교회의 가르침을 미워하는 사람들 가운데 상당수는 오직 이성만을 유일한 스승이며 안내자로 삼는다고 선언하고 있습니다. 가톨릭 신앙으로써 그들을 치유하고 은총으로 돌아오게 하려면, 하느님의 초자연적 도우심 다음으로는 교부들과 스콜라 학자들의 건전한 가르침보다 더 적절한 것은 없습

니다. 이들은 신앙의 튼튼한 토대, 그 신적인 기원, 그 확실한 진리, 그 증명 논거, 인류에게 가능해진 은혜, 그리고 이성과의 완전한 조화 등을 증명하였고, 또 너무도 명료하고 강력했기 때문에, 주저하는 자들과 허풍떠는 자들까지도 회심시키기에 충분했습니다.

   타락한 이론들의 해악 때문에 우리가 모두 목격하고 있듯이 매우 심각한 위험에 노출되어 있는 가정과 시민사회조차도, 만일 대학과 학교들에서 교회의 가르침에 가장 일치되는 건전한 교육이 시행되기만 했더라면 분명 훨씬 더 평온하고 확실한 기반 위에 서 있을 수 있었을 것입니다. 우리는 바로 이런 가장 건전한 가르침을 토마스 데 아퀴노의 작품들 속에서 발견합니다. 왜냐하면 오늘날 방종으로 변형되고 있는 자유의 진정한 본성, 법칙과 그 힘, 자명한 원리들의 영역, 더 높은 권위에 대한 마땅한 복종, 인간 상호 간의 사랑 등에 대한 토마스의 가르침들은 사회질서의 평온과 대중의 안녕에 위험하기 짝이 없는 새로운 법의 원리들을 전복시킬 수 있는 대단히 강력하고 꺾일 수 없는 힘을 지니고 있기 때문입니다.

   36. 특별히 신중한 분별력을 가지고 그대들[전 세계 주교들]이 뽑은 스승들[신학교와 가톨릭 대학교 교수들]은 자기 제자들의 정신이 성 토마스 데 아퀴노의 가르침으로 관통될 수 있도록 깊은 노력을 기울여야 하며, 그의 가르침이 다른 모든 이론에 견주어 얼마나 튼튼하고 월등한지를 분명히 해야 합니다. 그대들이 설립한 (또는 설립할) 학부들은 그의 가르침을 해설하고 옹호하며 흔한 오류들을 논박하는 데 활용할 수 있어야 합니다.

   그리고 그대들은 정통 가르침 대신에 이런저런 허풍떠는 이론들에

말려들거나, 진정한 가르침 대신에 타락한 이론들에 현혹되지 않도록 성 토마스의 지혜가 그 원천으로부터, 또는 적어도 뛰어난 지성들의 확실하고 한결같은 판단에 따르면 그 원천에서 흘러나와 아직도 맑고 투명하게 흐르는 저 강물들로부터 탐구될 수 있도록 조처해야 합니다. 그리고 같은 원천에서 나왔다고들 말하기는 하지만 실제로는 이질적이고 해로운 저 시냇물에서 젊은이들의 정신을 멀리 떼어놓도록 최선의 노력을 기울여야 합니다.

성 요한 바오로 2세 교황의 회칙 발췌문

『신앙과 이성』(*Fides et Ratio*, 1998)

43. 이 오랜 발전 과정에서 성 토마스 데 아퀴노(St. Thomas de Aquino)는 특별한 자리를 차지하고 있습니다. 그것은 그가 가르친 내용 때문만이 아니라 당대의 아랍 사상과 유다교 사상과 나눈 대화 때문입니다. 그리스도교 사상가들이 고대 철학, 특히 아리스토텔레스의 보화들을 재발견하고 있던 시대에, 성 토마스는 신앙과 이성 사이의 조화에 영예로운 자리를 배정한 위대한 공로를 가지고 있습니다. 이성의 빛과 신앙의 빛은 둘 다 하느님에게서 오는 것이고, 따라서 양자 사이에는 어떠한 모순도 있을 수 없다고 그는 논증하고 있습니다.

더욱 근본적으로, 토마스는 철학의 일차적 관심사인 자연(natura)이 하느님의 계시를 이해하는 데 적극적으로 기여할 수 있다는 것을 인정합니다. 따라서 신앙은 이성을 두려워할 필요가 없고, 오히려 이성을 추구하고 그것에 대해서 신뢰를 가지고 있습니다. 은총이 자연에 의존하고 자연을 완성시키듯이, 신앙은 이성에 의존하고 이성을 완성합니다. 신앙을 통해서 조명받을 때, 이성은 죄의 불복종 때문에 오는 연약성과 한계로부터 해방되어, 삼위일체 하느님에 대한 지식으로 고양되는 데 요구되는 힘을 얻게 됩니다. 비록 신앙의 초자연적인 성격을 강조하기는 했지만, 이 '천사적 박사'(Doctor Angelicus)

는 신앙이 지니고 있는 합리적 성격의 중요성을 간과하지 않았습니다. 참으로 그는 이 이해 가능성의 깊이를 천착해 들어가 그 의미를 밝혀낼 수 있었습니다. 신앙은 어떤 의미에서 일종의 '사고 훈련'(exercitium cogitationis)입니다. 그리고 인간 이성은, 어쨌든 자유롭게 심사숙고해서 내리는 선택으로 얻어지는 신앙의 내용들에 동의한다고 해서, 무효화되는 것도 아니고 그 품위가 손상되는 것도 아닙니다.

바로 그렇기 때문에 교회는 한결같이 성 토마스를 사고의 스승이며 올바른 신학자의 전형으로 추천해 온 것입니다. 이 점에 관해서 저는 선임자인 하느님의 종 교황 바오로 6세께서 천사적 박사의 서거 700주년[1974년]의 기회에 하신 말씀을 상기하고 싶습니다. "의심할 바 없이, 토마스는 진리에의 용기, 새로운 문제들을 직면할 때의 정신의 자유, 그리고 그리스도교가 세속 철학이나 편견으로 감염되는 것을 허용하지 않는 사람들의 지적 정직성 등을 최고도로 소유하고 있었습니다. 따라서 그는 그리스도교 사상사 속에서 언제나 새로운 철학과 보편적 문화에 이르는 길의 선구자로 남아 있습니다. 그가 찬란한 예언자적 통찰력으로 신앙과 이성 사이의 새로운 만남에서 제시한 요점과 해결의 씨앗은 세계의 세속성(saecularitas)과 복음의 근본성 사이의 화해였고, 따라서 세상과 그 가치들을 부정하려는 자연스럽지 못한 경향을 피하면서도 동시에 초자연적 질서의 숭고하고 준엄한 요구들로써 신앙을 지킬 수 있었습니다."

44. 성 토마스의 또 하나의 위대한 통찰은, 지식이 지혜로 성장해 가게 되는 과정에서 성령의 역할을 깊이 깨닫고 있었다는 사실입니

다. 그의 『신학대전』(Summa Theologiae)의 앞머리에서 아퀴나스는, 성령의 선물로서 천상의 것들에 대한 지식으로의 통로를 열어 주는 지혜의 우위성을 날카롭게 보여 주고 있습니다. 그의 신학은 우리가 신적인 것들에 대한 신앙과 지식에 밀접하게 연관되어 있는 지혜의 특성을 이해할 수 있게 해 줍니다. 이 지혜는 천성적으로(per connaturalitatem) 알려지게 됩니다. 그것은 신앙을 전제로 하고 있고, 결국 신앙 자체의 진리에 입각한 올바른 판단을 형성해 줍니다. "성령의 선물들 가운데 하나인 지혜는 지성적 덕 가운데서 발견되는 지혜와는 구별됩니다. 이 두 번째 지혜는 연구를 통해서 얻어지지만, 첫 번째 지혜는 야고보 사도가 말하고 있는 것처럼 '높은 데서 옵니다.' 이것은 또한 신앙과도 구별되는데, 그것은 신앙이 신적인 진리를 있는 그대로 받아들이기 때문입니다. 그러나 지혜의 선물은 신적인 진리에 따라서 판단할 수 있게 해 줍니다."

그렇지만 이 지혜에 어울리는 우위성은 천사적 박사가 철학적 지혜와 신학적 지혜라는 지혜의 다른 두 개의 보충적 형태들이 있다는 것을 간과하게 만들지 않습니다. '철학적 지혜'는 자연적인 제약을 가지고 있는 지성의 실재 탐구 역량에 기초를 두고 있고, 신학적 지혜는 계시에 기초를 두고 신앙의 내용들을 탐구하여 하느님의 신비에 접근해 갑니다.

"진리는 누가 발설하든지 간에 모두 성령으로부터 오는 것"(omne verum a quocumque dicatur a Spiritu Sancto est)임을 깊이 확신하고 있던 성 토마스는 그의 진리 사랑에 공평무사했습니다. 그는 어디에서든지 진리를 추구하였고, 진리의 보편성을 입증하는 데 전력을 다했습니다. 교회의 교도권은 그에게서 진리를 향한 열정을 인정하였습니다. 그리고 정확히 그것이 일관되게 보편적이고 객관적이며 초월적인 진리의 지평 속에 머무르기 때문에, 그의 사상은 '인간 지성이 결코 생각해 낼 수 없었을 높은 경지'에 도달했습니다. 그는 정당하게도 '진리의 사도'(apostolus veritatis)라고 불릴 수 있을 것입니다. 확고하게 진리만을 추구하는 토마스의 실재주의(realismus)는 진리의 객관성을 인정하고 '현상'의 철학뿐만 아니라 '존재'의 철학(philosophia essendi)까지도 제시할 수 있습니다.

57. 그러나 교도권은 철학 이론들의 오류들과 일탈들을 지적하기만 하는 것은 아닙니다. 이에 못지않은 관심을 가지고 교회 교도권은 철학적 탐구의 진정한 쇄신의 기본 원리들을 강조하고 특정 방향을 지시하기도 합니다. 이 점에서 교황 레오 13세께서는 회칙 『영원하신 아버지』(*Aeterni Patris*)에서 교회 생활을 위해 역사적으로 매우 중요한 일보를 내디디셨습니다. 왜냐하면 그 회칙은 오늘날까지도 온전히 철학만을 위해 작성된 유일한 권위 있는 교황 문헌으로 남아 있기 때문입니다. 이 위대한 교황께서는 신앙과 이성 사이의 관계에 관한 제1차 바티칸공의회의 가르침을 발전시키는 가운데, 철학적 사고가 신앙과 신학에 얼마나 깊이 공헌하는지를 보여 주셨습니다. 한 세기 이상이 지났지만 그 회칙이 담고 있는 실천적이고 교육적인 통찰들은 그 중요성을 조금도 잃어버리지 않았습니다. 특히 성 토마스의 철학이 지니고 있는 그 어느 것에도 비할 수 없는 가치에 관한 강조는 더욱 그렇습니다. '천사적 박사'의 사상에 대한 쇄신된 강조야말로 교황 레오 13세께는 신앙의 요구들에 부합되는 철학의 활용을 활성화시키는 최선의 길로 비쳐졌습니다. "성 토마스는 이성과 신앙을

날카롭게 구분하였습니다. 그러나 이 양자를 조화시켜 각각 자신의 권리와 품위를 고스란히 간직하게 할 수 있었습니다."

78. 이 성찰들의 빛 속에서, 교도권이 왜 반복적으로 성 토마스 사상의 공로들을 격찬하고 그를 신학 연구의 인도자이며 전형(典型)으로 삼았는지가 명백히 드러납니다. 이것은 순수하게 철학적인 문제들에 대해서 어떤 입장을 취하기 위해서도 아니고, 또 특정 이론들에 대한 호감을 표시하기 위한 것도 아니었습니다. 교도권의 의도는 언제나, 성 토마스가 어떤 의미에서 진리를 추구하는 모든 사람을 위한 진정한 전형인지를 보여 주자는 것이었습니다. 실상 그의 성찰 속에서 이성의 요구들과 신앙의 힘이, 일찍이 인간 사고가 이룩한 가장 고상한 종합을 발견합니다. 왜냐하면 그는 이성에게 고유한 모험을 평가 절하함이 없이, 계시를 통해서 도입된 근본적인 새로움을 옹호할 수 있었기 때문입니다.

『신학대전』 완간을 꿈꾸며

그리스도교 2000년 역사에서는 물론 인류 문화사에서도 경이로운 불후의 걸작으로 인정받고 있는 방대한 『신학대전』을 대역판으로 간행하는 이 대사업은 정의채(鄭義宷) 몬시뇰의 혜안과 용단에서 비롯되었다. 몬시뇰께서는 그리스도교 전래 200주년(1784-1984년)을 기념한 다음해인 1985년에 첫 권을 발간한 이래 꾸준히, 어려운 여건 가운데서도 고군분투하며 전체 3부 60권(보충부까지 포함하면 72권) 가운데 10권을 직접 번역하였고, 2006년 즈음부터는 소장 학자들에게도 번역 지침을 주어 과제를 분담하고 또 탈고 단계에서는 직접 감수를 통해 지도 편달함으로써 5권을 더 출간하였다. 여기에는 강윤희 신부, 김율 교수, 김정국 신부, 김춘오 신부, 윤종국 신부, 이상섭 교수, 이진남 교수, 채이병 박사 등이 참여했고, 막바지에는 이재룡 신부도 가담했다. 그렇게 해서, 제1부를 모두 마치고, 인간의 윤리 문제(제2부 전체)의 궁극 목표인 '행복'에 관해 논하는 첫 다섯 문제(제16권)까지 출간해 내었다.

이제까지 도서 출판을 통한 복음 전파를 카리스마로 삼고 있는 '바오로딸수도회'가 어려운 출판 여건 속에서도 큰 희생을 기꺼이 감내하며 몬시뇰의 피땀 어린 노력을 묵묵히 뒷받침해 왔다. 몬시뇰과 수도회에 깊은 존경과 감사의 뜻을 전하고 싶다.

그런 가운데 서울대교구 교구장이신 염수정(廉洙政) 추기경은 2016

년 8월, 15년 뒤에 맞게 될 천주교 조선교구 설정 200주년(1831-2031년)까지는 『신학대전』을 완간해야겠다는 큰 계획을 세우고 이미 번역진에 합류하고 있던 이재룡 신부를 그 전담 책임자로 임명하였다. 계획대로 추진된다면, 그리스도교가 이 땅에 들어온 지 근 반세기 만에 교구가 설정됨으로써 제대로 체제를 갖춘 당당한 지역 교회가 되었듯이, 『신학대전』도 근 반세기 만에 완간될 것이다.

전담 책임을 맡은 이재룡 신부는 우선 '한국성토마스연구소'(St. Thomas Institute in Korea)를 설립하고, 바오로딸출판사와 긴밀히 상의하며 이제까지 몬시뇰께서 추진해 온 출간 사업을 계승하여, 완간된 부분과 진행 중인 작업들을 총점검하고 향후 사업 일정을 확정하여 2017년 12월 《천주교조선교구설정 200주년기념 신학대전간행사업》(2019-2031년)이라는 제목으로 교구장님께 보고드렸다. 간행위원단 구성은 손희송 주교, 정의채 몬시뇰, 이재룡 신부(위원장), 안소근 수녀, 윤주현 신부, 이상섭 교수, 정현석 박사로 단순화하였다. 2019년부터 13년간 매년 분책 4-5권씩을 번역해 낸다는, 다소 무리한 계획이었지만, 최근 완간된 일어 역본(2007년)과 대만에서 발간된 한역본(2009년)도 자극제가 되어 200주년을 넘지 않도록 서두르기로 하였다.

2019년 말, 감사하게도 총 12개년(2020-2031년)에 걸친 《천주교조선교구설정 200주년기념 신학대전간행사업》이 문화체육관광부의 '국고지원사업'으로 선정되었다. 사업의 중심 내용은 당연히 『신학대전』의 나머지 부분인 분책 50권('보충부' 포함)의 간행이지만, 여기에 보조 장치 3권(『입문』, 『총색인』, 『요약』)과 선결 필수 사업으로 판단되는 3권의 사전(『성 토마스 개념사전』, 『교부학사전』, 『라틴어사전』) 간행을 추가하였다.

이제부터 시작이지만, 여기까지 오는 데에도 우여곡절을 거쳐야

했는데, 매일 묵주기도 5단을 바치며 성모님과 토마스 아퀴나스 성인님께 도움을 청했고, 고비 때마다 기묘한 방식으로 도와주시는 주님 섭리의 손길을 느꼈다. 그리고 많은 분들의 도움을 받았다. 존경하는 교구장님과 정진석(鄭鎭奭) 추기경님을 비롯한 교구 주교님들과 다른 주교님들, 동창 신부님들과 선후배 신부님들, 그리고 사업을 하시는 몇몇 지인들의 적극적인 격려와 지원 외에도, 일선 사목 현장에서 동고동락했던 잠실, 오류동, 혜화동 성당의 교우들과 교리신학원의 제자들도 꾸준히 정기적으로 도움을 주고 있다. 그리고 세 차례에 걸친 국고 지원 신청 과정에서 적극적인 행정적 지도와 격려를 아끼지 않은 문화체육관광부의 장우일 종무관과 실무진, 만만찮은 대응자금 문제 때문에 어려움을 겪고 있을 때 길을 열어 주고 적극적인 지지를 보내 준 김영국 신부님과 이경상 신부님을 비롯한 학교법인 가톨릭학원 신부님들의 도움이 컸다. 마지막으로, 지난해에 무리한 계획과 국고 지원 신청 과정 때문에 출판 일정이 겹치고 뒤엉켜 절망적인 국면에 처했을 때 흔쾌히 도움의 손길을 내밀고 끝까지 동행하기로 한 '기쁜소식'의 전갑수 사장님께 감사의 뜻을 전하고 싶다.

  이렇게 많은 분들의 기대와 성원을 받으며 전능하신 하느님의 보호와 우리나라의 주보(主保)이신 성모 마리아의 도우심과 '인류의 스승'(Doctor Humanitatis)인 토마스 성인의 전구에 힘입어 벅찬 희망을 안고 대여정의 첫걸음을 내딛는다.

2020년 성모성월에
한국성토마스연구소에서
간행위원장 이재룡 신부

『신학대전』 간행계획
(2031년 완간)

[제1부]

01 (ST I, 1–12) 하느님의 존재, 정의채 옮김. 1985. 3판 2014.
02 (ST I, 13–19) 하느님의 생명, 정의채 옮김. 1993. 2판 2014.
03 (ST I, 20–30) 하느님의 작용과 위격, 정의채 옮김. 1994. 2판 2000.
04 (ST I, 31–38) 위격들의 구별, 정의채 옮김. 1997.
05 (ST I, 39–43) 위격들의 관계, 정의채 옮김. 1998.
06 (ST I, 44–49) 창조, 정의채 옮김. 1999.
07 (ST I, 50–57) 천사, 윤종국 옮김. 2010.
08 (ST I, 58–64) 천사의 활동, 강윤희 옮김. 2020.
09 (ST I, 65–74) 우주 창조, 김춘오 옮김. 2010.
10 (ST I, 75–78) 인간, 정의채 옮김. 2003.
11 (ST I, 79–83) 인간 영혼의 능력, 정의채 옮김. 2003.
12 (ST I, 84–89) 인간의 지성, 정의채 옮김. 2013.
13 (ST I, 90–102) 하느님의 모상으로 창조된 인간, 김율 옮김. 2008.
14 (ST I, 103–114) 하느님의 통치, 이상섭 옮김. 2009.
15 (ST I, 115–119) 우주의 질서, 김정국 옮김. 2010.

[제2부 제1편]

16 (ST I–II, 1–5) 행복, 정의채 옮김. 2000.
17 (ST I–II, 6–17) 인간적 행위, 이상섭 옮김. 2019.
18 (ST I–II, 18–21) 도덕성의 원리, 이재룡 옮김. 2019.
19 (ST I–II, 22–30) 정념, 김정국 옮김. 2020.
20 (ST I–II, 31–39) 쾌락, 이재룡 옮김. 2020.
21 (ST I–II, 40–48) 두려움과 분노, 채이병 옮김. 2020.
22 (ST I–II, 49–54) 습성, 이재룡 옮김. 2020.
23 (ST I–II, 55–67) 덕, 이재룡 옮김. 2020.
24 (ST I–II, 68–70) 성령의 선물, 채이병 옮김. 2020.
25 (ST I–II, 71–80) 죄, 안소근 옮김. 2020.
26 (ST I–II, 81–85) 원죄, 정현석 옮김. 2021.
27 (ST I–II, 86–89) 죄의 결과, 윤주현 옮김. 2021.
28 (ST I–II, 90–97) 법, 이진남 옮김. 2020.
29 (ST I–II, 98–105) 옛 법, 이경상 옮김. 2021.
30 (ST I–II, 106–114) 새 법과 은총, 이재룡 옮김. 근간.

[제2부 제2편]

31 (ST II–II, 1–7) 신앙
32 (ST II–II, 8–16) 신앙의 결과
33 (ST II–II, 17–22) 희망
34 (ST II–II, 23–33) 참사랑
35 (ST II–II, 34–44) 참사랑과 결부되는 것
36 (ST II–II, 45–56) 현명

37 (ST II-II, 57-62) 정의
38 (ST II-II, 63-79) 불의
39 (ST II-II, 80-91) 종교와 경신
40 (ST II-II, 92-100) 종교와 결부되는 것
41 (ST II-II, 101-122) 사회적 덕
42 (ST II-II, 123-140) 용기
43 (ST II-II, 141-154) 절제
44 (ST II-II, 155-170) 절제의 부분
45 (ST II-II, 171-178) 예언과 은사
46 (ST II-II, 179-182) 활동과 관상
47 (ST II-II, 183-189) 사목과 수도생활

[제3부]
48 (ST III, 1-6) 육화하신 말씀
49 (ST III, 7-15) 그리스도의 은총
50 (ST III, 16-26) 하느님과 인간 사이의 중재자
51 (ST III, 27-30) 동정녀 마리아
52 (ST III, 31-37) 그리스도의 유년기
53 (ST III, 38-45) 그리스도의 생활
54 (ST III, 46-52) 그리스도의 수난
55 (ST III, 53-59) 예수 부활
56 (ST III, 60-65) 성사
57 (ST III, 66-72) 세례와 견진
58 (ST III, 73-78) 성체성사
59 (ST III, 79-83) 영성체
60 (ST III, 84-90) 고해성사(*절필)

[보충부]
61 (ST Sup, 1-11) 통회
62 (ST Sup, 12-20) 보속과 열쇠
63 (ST Sup, 21-28) 냉담과 대사
64 (ST Sup, 29-33) 병자성사
65 (ST Sup, 34-40) 성품성사
66 (ST Sup, 41-49) 혼인성사
67 (ST Sup, 50-62) 혼인장애
68 (ST Sup, 63-68) 재혼
69 (ST Sup, 69-74) 죽음과 심판
70 (ST Sup, 75-86) 육신의 부활
71 (ST Sup, 87-96) 최후 심판과 성인들
72 (ST Sup, 97-99) 단죄받은 자들
73 (***)   [신학대전 요약]
74 (***)   [신학대전 입문]
75 (***)   [총색인]

일러두기

1. 『신학대전』의 대구조(macro-structura)

1.1. 성 토마스는 불후의 걸작인 이 방대한 작품을 신플라톤주의의 '발원-귀환'이라는 웅장한 구도를 활용하여 구성하고 있다. 그래서 제1부는 만물이 하느님으로부터 나오는 발원(發源, exitus) 과정이고, 제2부는 만물이 하느님께로 되돌아가는 귀환(歸還, reditus) 여정이며, 제3부는 그 귀환의 길 또는 수단이 되어 주신 구세주의 위업(偉業)을 다루고 있다. 보충부는 일찍 찾아온 그의 죽음 때문에 미완으로 남게 된 (제3부의) 공백을 그의 제자, 혹은 제자 그룹이 그의 초창기 작품으로부터 관련 내용을 정리하여 옮겨다 채워 넣은 보완 부분이다.

1.2. 'I'(Prima Pars)은 제1부, 'I-II'(Prima Pars Secundae Partis)는 제2부 제1편, 'II-II'(Secunda Pars Secundae Partis)는 제2부 제2편, 'III'(Tertia Pars)은 제3부, 그리고 'Sup.'(Supplementum)은 보충부의 약식 기호들이다.

1.3. 지금 우리의 기획처럼, 방대한 『신학대전』의 내용을 나누어 출간하는 경우에, 분책(分冊)의 기초가 되는 단위로, 여러 개의 문(quaestio)들이 한데 모여 이루는 공동의 주제인 'tract.'(tractatus)를 '논고'(論考)라고 부른다.

1.4. 'q.'(quaestio)라고 표기되는 단위를 '문'(問)이라고 부른다.

1.5. '문'에서 제기된 문제를 해결하기 위해서는 필요한 만큼의 분절 작업(articulatio)이 요구되는데, 이렇게 세분된, 실질적인 논의의 기본 단위를 이루는 'a.'(articulus)를 '절'(節)이라고 부른다.

2. 절(節)의 세부 구조(micro-structura)

각각의 절에서 본격적으로 논의되는 세부 내용은 규칙적인 형식으로 구성되어 있고, 크게 두 부분으로 대별된다. 먼저, 권위 있는 가르침들이 찬-반(贊反)으로 제시되고, 다음에 저자 자신의 해결책이 제시된다.

2.1. 첫 번째 부분에서는 먼저, 중세 스콜라 학자들의 기본적인 학문 방법인 '권위'(auctoritas), 곧 성경과 교부들, 그리고 때로는 고대 철학자들을 비롯한 사상가들로부터 해당 주제에 대한 가르침들 가운데 (곧 제시될 필자의 입장에 반대되는) '부정적인' 가르침들이 엄선하여 제시된다. 곧 '반론들'(objectiones)로서, 보통 세 개 정도가 제시되는데, '반론 1'(obj.1), '반론 2'(obj.2)라 부른다.

2.2. 다음으로는 (역시 권위들 가운데에서) 그에 대해 반대되는, 곧 저자의 입장을 지지하는 긍정적인 가르침이 (보통은 하나) 제시된다. 곧 '재반론'(sed contra)이다.

2.3. 저자 자신의 독창적 해결책이 제시되는 두 번째 부분도 또다시 두 부분으로 구별되는데, 먼저 '답변'(Respondeo) 부분에서는 그 주제에 대한 저자 자신의 해결책이 제시되며, 가끔은 '본론'(corpus)이

라고 불리기도 한다.

2.4. 그런 다음에 '해답'(solutio) 부분에서는 '답변'에서 확인한 결론들을, 앞머리에 제시되었던 반론들 하나하나에 대해 적용한다. 원문에서 라틴어로 'ad1' 'ad2' 등으로 표시되는 것을 우리는 '제1답' '제2답' 등으로 부른다.

3. 본문과 각주에서의 유의 사항

3.1. 번역 대본은 비판본인 레오판(ed. Leonina)을 주로 따르고 있는 마리에티판이다: S. Thomas Aquinatis, *Summa Theologiae*, cum textu ex recensione Leonina, Taurini-Romae, Marietti, 1952.

3.2. (괄호) 속의 내용은 라틴 원문에 있지만, 길고 복잡한 문장 구조가 조금이나마 시각적으로 간명해지도록 역자가 임의로 괄호로 묶은 것이다.

3.3. [꺾쇠괄호] 안의 단어나 구절은 해당 라틴어 원문에는 없으나, 문맥상 요구된다고 판단되는 내용을 삽입한 것이다.

3.4. 성경은 기본적으로 한국천주교주교회의에서 발행한 『성경』을 따르지만, 내용에서 차이가 있는 경우에는 역자가 라틴 원문에 충실하게 번역하고, 각주에 『성경』 구절을 제시하였다.

3.5. 다양한 종류의 각주에 대해 아라비아 숫자로 일련번호를 매겼다. 단, 마리에티판의 권말에 추가주(adnotationes)로 실려 있는 내용을 번역한 경우에는 일련번호에 이어 '(* 추가주)'라는 별도의 표시를 했다.

4. 약어표에 관하여

4.1. 일반적인 약어들을 '일반 약어표'로 제시하였다.

4.2. 성 토마스의 작품들에 대해서는 약어표를 따로 제시하였다.

4.3. 성경 약어에 대해서는 가톨릭교회에서 통용되는 일반 관례를 따른다.

4.4. 성 아우구스티누스를 비롯한 교부들의 작품들에 대해서는 한국교부학연구회가 펴낸 『교부 문헌 용례집』(수원가톨릭대학교출판부, 2014)을 따른다.

4.5. 아리스토텔레스를 비롯한 고대 사상가들의 작품들에 대한 약어는 한국서양고전철학회 등에서의 일반적인 관례를 준용한다.

일반 약어표

a. 절(articulus). 예) '제1절', '제7절' 등.

aa. 여러 절들(articuli). 예) aa.1-3은 '제1절에서 제3절까지'를 가리킴.

ad1, ad3 제1답, 제3답: 절(articulus)을 시작하면서 제기되었던 반론들(objectiones)에 대해, 일일이 '해답'(solutio) 부분에서 해결책으로 제시하는 답변들.

c. 장(capitulum).

c. 본론(corpus) 곧 '답변'(Respondeo)을 가리킴.

Can. 카논(Canon: 공의회의 장엄 결정문).

Cf. 참조(conferire).

d. 구분(divisio). 특히 『명제집』과 『명제집 주해』에서 기본 틀로 제시될 때, '제1구분', '제2구분'으로 표기. 예) 『명제집 주해』 제1권 제2구분 제1문 제3절. (많이들 'divisio'와 혼용하고 있는 'distinctio'는 '구별'.)

DH 『덴칭거-휘너만』 혹은 『규정-선언 편람』(Denzinger-Hunermann이 1991년부터 편찬).

DS 『덴칭거-쇤메처』 혹은 『규정-선언 편람』(Denzinger-Schoenmetzer가 1963년부터 편찬).

Ibid. 같은 작품 또는 같은 곳(Ibidem).

ID. 같은 저자(Idem).

lect. 강(lectio). 예) '제1강', '제2강' 등. (단, 서술문에서 지칭 시에는 '강독'.)

lib. 권(liber). 예) '제1권', '제2권' 등.

ll. 행(行, lineae).

loc. cit. 인용된 곳(loco citato).

n.	번(numerum) 또는 그대로 'n'. 예) '2번' 또는 'n.2'.
obj.	반론(objectio). 예) '반론1,' '반론2' 등.
op. cit.	이미 인용된 작품(opere citato).
parall.	병행 문헌(paralleli).
PG	미뉴,『그리스 교부 전집』(Migne, *Patrologia Graeca*).
PL	미뉴,『라틴 교부 전집』(Migne, *Patrologia Latina*).
Proem.	머리말(Proemium).
Prol.	머리글(Prologus).
q.	문(quaestio). 예) '제1문,' '제89문' 등. (단, 간혹 서술 문장 중 특정 '문'을 가리킬 때에는 '문제'라고 지칭할 수도 있다.) 예문) "창조에 관해 논하는 이 '문제'는…."
qc.	소문제(quaestiuncula). (주로『명제집 주해』에 나타남.)
qq.	여러 문들(quaestiones). 예) qq.57-59는 '제57문에서 제59문까지'를 가리킴.
Resp.	답변(Respondeo) [=본론].
s.c./sc	재반론(Sed contra) 또는 '그러나 반대로'. (보통은 재반론이 하나이지만, 드물게 번호와 함께 두세 개가 제시되기도 한다. 이때에는 '재반론1,' '재반론3' 등으로 표기한다.)
sol.	해답(solutio). (단, 기본 틀 가운데에서 반론1에 대한 해답[ad1], 반론2에 대한 해답[ad2] 등은 '제1답,' '제2답' 등이라고 지칭.)
tract.	논고(tractatus: 여러 문들이 함께 모여 이루는 논의 주제).

성 토마스 작품 약어표

***In Sent.*, I, d.3, q.1, a.3, qc.1, ad1**	『명제집 주해』 제1권 제3구분 제1문 제3절 제1소문제 제1답
***ScG*, I, II**	『대이교도대전』 제1권, 제2권
ST(* 생략)	『신학대전』
I, q.1, a.1, ad2	『신학대전』 제1부 제1문 제1절 제2답
I-II	『신학대전』 제2부 제1편
II-II	『신학대전』 제2부 제2편
III	『신학대전』 제3부
Sup.	『신학대전』 보충부
Catena Aurea	『황금 사슬』 또는 『4복음서 연속주해』
Compendium Theol.	『신학 요강』
Contra doct. retrah.	『소년의 수도회 입회를 비난하는 전염병과도 같은 가르침 논박』
Contra err. Graec.	『그리스인들의 오류 논박』
Contra impugn.	『전례와 수도회를 거스르는 자들 논박』
De aetern. mundi	『세상 영원성』
De anima	『영혼에 관한 토론문제』 또는 『영혼론』
De articulis fidei	『신앙 요목』
De beatitudine	『참행복』 또는 『진복』
De caritate	『참사랑』 또는 『참사랑에 관한 토론문제』
De correct. Frat.	『형제적 충언』 또는 『형제적 충언에 관한 토론문제』
De demonstratione	『증명론』
De diff. verbi Domini	『하느님의 말씀과 인간의 말의 차이』
De dilex. Dei et prox.	『하느님 사랑과 이웃 사랑』

De dimens. indeterm.	『무한의 크기』
De divinis moribus	『하느님의 습성』
De duo. praecep. char.	『사랑의 이중계명』
De empt. et vend.	『신용거래』 또는 『매매론』
De ente et ess.	『존재자와 본질』 또는 『유(有)와 본질(本質)에 대하여』
De eruditione principis	『군주 교육』
De expos. missae	『미사 해설』
De fallaciis	『오류론』
De fato	『운명론』
De forma absol.	『사죄경 형식』
De humanitate Christi	『그리스도의 인성』
De instantibus	『순간론』
De intellectu et intell.	『지성과 가지상』
De inventione medii	『수단의 발명』
De iudiciis astr.	『점술가의 판단』
De magistro	『교사론』 또는 『교사에 관한 토론문제』
De malo	『악론』 또는 『악에 관한 토론문제』
De mixtione element.	『요소들의 혼합』
De motu cordis	『심장 운동』
De natura accidentis	『우유의 본성』
De natura generis	『유(類)의 본성』
De natura loci	『장소의 본성』
De natura luminis	『빛의 본성』
De natura materiae	『질료의 본성』
De natura syllog.	『삼단논법의 본성』
De natura verbi intell.	『지성의 말의 본성』
De occult. oper. naturae	『자연의 신비로운 작용』
De officio sacerdotis	『사제의 직무』

De perf. vitae spir.	『영성생활의 완성』
De potentia	『권능론』 또는 『권능에 관한 토론문제』
De potentiis animae	『영혼의 능력들』
De principiis naturae	『자연의 원리들』
De principio individ.	『개체화의 원리』
De propos. mod.	『양태명제론』
De purit. consc. et modo conf.	『양심의 순수함과 고백 양식』
De quat. oppositis	『네 대당(對當)』
De quo est et quod est	『'그것에 의해 있는 것(존재)'과 '있는 것(본질)'』
De rationibus fidei	『신앙의 근거들』
De regimine Iudae.	『유다인 통치』
De regimine princ.	『군주통치론』
De secreto	『비밀』
De sensu resp. singul. et intellectu resp. univ.	『감각과 개체, 지성과 보편자』
De sensu respectu singul.	『개별자 감각』
De sortibus	『제비뽑기』
De spe	『희망론』 또는 『희망에 관한 토론문제』
De spir. creat.	『영적 피조물』 또는 『영적 피조물에 관한 토론문제』
De sub. sep.	『분리된 실체』
De tempore	『시간론』
De unione Verbi Incarn.	『육화하신 말씀의 결합』 또는 『육화하신 말씀의 결합에 관한 토론문제』
De unit. vel plurit. formarum	『형상의 단일성 여부』
De unitate Intell.	『지성단일성』
De usuris in communi	『고리대금』
De veritate	『진리론』 또는 『진리에 관한 토론문제』
De virt. card.	『사추덕』 또는 『사추덕에 관한 토론문제』
De virtutibus	『덕론』 또는 『덕에 관한 토론문제』
Ep. ad comitissam	『플랑드르 백작부인 회신』

Ep. ad duciss. Brabant.	『브라방의 백작부인 서신』
Ep. exhort. de modo stud.	『학업 방식에 관한 권고 서한』
Hymn.: Adoro Te	『찬미가: 엎드려 흠숭하나이다』
In Anal. post., I, II	『분석론 후서 주해』 제1권, 제2권
In Cant. Canticor.	『아가 주해』
In De anima, I, II	『영혼론 주해』 제1권, 제2권
In De cael., I, II	『천지론 주해』 제1권, 제2권
In De causis	『원인론 주해』
In De div. nom.	『신명론 주해』
In De gen. et corrupt.	『생성소멸론 주해』
In De hebd.	『주간론 주해』
In De mem. et remin.	『기억과 회상 주해』
In De meteora	『기상학 주해』
In De sensu et sensato	『감각과 감각대상 주해』
In De Trin.	『삼위일체론 주해』
In decem praecept.	『십계명 해설』
In Decretal.	『교령 해설』
In Ep. ad Col.	『콜로새서 주해』
In Ep. ad Ephes.	『에페소서 주해』
In Ep. ad Hebr.	『히브리서 주해』
In Ep. ad Philem.	『필레몬서 주해』
In Ep. ad Philipp.	『필리피서 주해』
In Ep. ad Rom.	『로마서 주해』
In Ep. I ad Cor.	『코린토 1서 주해』
In Ep. II ad Cor.	『코린토 2서 주해』
In Ep. I ad Thess.	『테살로니카 1서 주해』
In Ep. Pauli	『바오로 서간 주해』
In Ethic., I, II	『니코마코스 윤리학 주해』 제1권, 제2권
In Hieremiam	『예레미야서 주해』

In Ioan.	『요한복음서 주해』
In Iob	『욥기 주해』
In Isaiam	『이사야서 주해』
In Matth.	『마태오복음서 주해』
In Metaph., I, II	『형이상학 주해』 제1권, 제2권
In orat. dominicam	『주님의 기도 해설』
In Periherm., I, II	『명제론 주해』 제1권, 제2권
In Phys., I, II	『자연학 주해』 제1권, 제2권
In Pol., I, II	『정치학 주해』 제1권, 제2권
In Psalm.	『시편 주해』
In salut. angelicam	『성모송 해설』
In Symbolorum	『사도신경 해설』
In Threnos	『애가 주해』
Officium de fest. Corp. Dom.	『성체축일 성무일도』
Orationes	『기도문』
Primus tract. de univers.	『보편자 제1론』
Principium	『취임 강연』
Quaestiones Disp.	『토론문제집』
Quodlibet., I, II	『자유토론문제집』 제1 자유토론, 제2 자유토론
Resp. ad 108	『108문항 회신』
Resp. ad 30	『30문항 회신』
Resp. ad 36	『36문항 회신』
Resp. ad 42(43)	『42(43)문항 회신』
Resp. ad 6	『6문항 회신』
Resp. ad Abba. Casin.	『몬테카시노 아빠스 회신』
Secundus tract. de univers.	『보편자 제2론』
Sermones	『설교집』
Summa totius logicae	『총논리학 대전』
Tabula Ethicorum	『윤리학 도표』

'원죄론' 입문

『신학대전』 제2부 제1편 제81문-제85문의 자리매김

원죄에 대한 고찰은 『신학대전』의 여러 부분에서 확인할 수 있다. 먼저 제1부에서 토마스는 제90문-제102문에 걸쳐 인간의 본래적 완성 상태에 대해, 그리고 제114문 제3절에서 유혹으로 인해 인간이 저지른 모든 죄와 관련하여 악마의 책임에 대해, 그리고 제118문-제119문에서는 원죄의 종적 전이의 문제를 다루며, 제2부 제2편에서는 도덕적 차원에서 원죄의 문제를 교만(superbia)의 측면(제164문-제165문)에서 다룬다. 그리고 제3부에서는 인간 본성의 죄를 사하는 예수 그리스도에 대해 제1문 제4절에서, 그리고 제61문 제2절-제4절에서는 원죄의 견지에서 세례에 대해 논한다. 이 밖에 토마스가 이 문제를 다룬 저작으로는 『명제집 주해』 제2권 제30-34구분, 『대이교도대전』 제4권 제50장-제52장, 『신학요강』 제185장-제199장, 『악론』 제4문-제5문, 그리고 『로마서 주해』 5장 3강 등을 꼽을 수 있다.

원죄에 대한 토마스의 작품을 흐르는 큰 흐름은 원조(元祖, primus parens)로부터 현재에 이르는 인간의 본성적 조건에 아로새겨진 원죄의 영향을 고찰하는 데 있다. 특히 제2부 제1편 제81문-제85문에 이르는 논의는 원조가 저지른 죄, 즉 신에 대한 거부가 어떻게 인간의 본성에 온갖 애로 사항으로 드러나게 되었는지를 살피고 있다. 본서에서는 원죄의 전이 혹은 유전을 다루는 제81문, 원죄의 본성과 특질을 다루는 제82문, 그리고 원죄가 거하는 자리와 그 영향이 가장 심대한 자리를 영혼의 여러 능력들과의 관계 속에서 확인하는 제83문, 칠죄종과 원죄의 관계를 모색하는 제84문, 그리고 원죄의 결과를 맺는 제85문의 번역문을 싣고 있다. 이 부분에서 토마스는 대단히 독창적인 동시에 중세의 독특한 지적 분위기 속에서 원죄에 접근하는 전형을 보여 준다.

제81문 모든 인간에게 예외 없이 전해진 원죄

"우리 원조의 첫 죄는 출생을 통해 그의 후손에게 전해졌는가?"라는 물음 아래 전개되는 제81문에서 토마스 아퀴나스는 모든 인간이 아담이 지은 원죄에 이미 오염된 상태로 이 세상에 왔음을 합리적으로 입증하는 작업을 수행하지 않는다. 그는 이것이 신앙에 따라 고수해야 할 사실임을 역설한다.[1] 그래서 그는 이렇게 신앙의 대상으로서 주어진 사실을 부인하거나 올바르게 설명하지 못하는 여러 이론들의 한계와 오류를 드러내는 한편으로 이 사실을 이해할 수 있는 한 최대한 합리적으로 설명하는 데 그의 작업을 집중한다.

그는 이 문제에 다양한 방식으로 접근했던 여러 저자들의 입장의 배경을 드러내며, 그들 나름의 합리성을 존중한다. 그러나 이들의 논의가 충분한 이론적 설명으로서는 부족함을 동시에 지적한다. 그는 이와 같은 불충분성을 해결하는 기초를 아담으로부터 모든 인류가 나왔다는 것, 그래서 종적(種的) 본성(natura specialis)을 공유한다는

---

1. q.81, a.1.

점을 강조하는 논의에 둔다. 이를 기초로 삼아 토마스 아퀴나스는 원죄를 개인의 죄, 즉 한 인격에게 귀속하는 죄가 아니라 모든 인간의 원조인 아담의 후손이기에, 그래서 그와 동일한 인간 본성을 지니기에 모든 인간이 공통적으로, 그리고 균등하게 나누어진 본성에 자리 잡은 죄로 제시한다.[2]

이와 같이 원죄를 인간이라는 종(種)이 짊어진 죄로 제시함으로써 그는 까다로운 문제를 다룰 돌파구를 찾는다, 그 까다로운 문제는 개인의 의지와 원죄의 관계로, 원조가 지은 죄는 개인의 의지로 지은 죄가 아닐진대, 어떻게 각 개인이 그 죄에 따른 오염 등을 짊어지게 되었는가라는 물음으로 요약 가능하다. 그리고 이 물음에 대해 각 인간이 아담의 후손으로서 인간 본성을 공유하고 있는 그만큼, 각 인간의 의지, 즉 인간이 가진 본성적인 특질인 이성의 한 측면으로서 의지도 원조인 아담의 의지와 연관되어 있음을 논함으로써, 신앙으로 받아들인 사실, 즉 각 인격이 '스스로 짓지도 않은 죄를 짊어지고 있는 현실'을 인간의 본성이라는 차원에서, 즉 종적 차원의 죄로 이해시키고 수긍시키려 한다.[3] 이렇게 토마스는 원죄를 아담으로부터 이어받은 인간의 종적 본성의 단일성 혹은 통일성에 따라 후손에게 전해지는 것으로 제시하는 가운데, 다른 죄들, 즉 인간 개인이 그에게 고유한 의지에 따라 지은 죄와 차별성을 둔다. 그리고 이를 근거로 원죄와 다른 죄들의 차이점과 죄의 전이(轉移) 혹은 유전

---

2. Rudi A. Te Velde, "Evil, Sin, and Death: Thomas Aquinas on Original Sin", in Rik Van Nieuwenhove and Joseph Wawrykow(eds.), *The Theology of Thomas Aquinas*, Notre Dame, University of Notre Dame Press, 2005, pp.145-147.
3. Ibid, p.157.

(遺傳)의 문제와 관련한 난제에 답하게 된다.[4]

한편 제81문 제3절의 본문과 제5절의 제3답에서는 원죄 없이 잉태된 성모[5]의 교리, 특히 무염시태(無染始胎) 교리가 확정되기 이전 중세 신학자의 입장을 토마스를 통해 확인할 수 있다. 일단 제3절의 답변에서 토마스는 다음과 같이 말한다. "가톨릭 신앙에 따라 오직 그리스도를 제외한 모든 인간들은 아담으로부터 물려받은 원죄를 걸머진다는 입장을 굳건하게 고수해야 한다. 그렇지 않다면 모든 사람은 그리스도를 통한 죄 사함이 필요 없을 것인데 이는 오류다."

이 입장을 철저하게 밀고 나갈 경우 성모가 성모의 어머니인 안나에게 잉태되는 그 순간부터 원죄에 물들지 않았다는 가톨릭교회의 '원죄 없이 잉태된 성모의 교리'에 토마스의 입장이 부합한다고 보기 어렵다. 그리고 이런 토마스의 입장은 중세의 여러 교회의 박사들, 예컨대 베르나르두스와 보나벤투라의 입장과도 크게 다르지 않은데, 이는 당대의 사상가들이 원죄 없는 성모의 잉태를 논하기에 계시의 증거가 충분하지 못하다고 여긴 것에서 비롯한 것으로 보인다.[6] 이에 따라 그는 성모가 원죄를 아담의 자손이라는 면에서는 전해 받았으되, 하느님의 어머니이자 하느님의 거처로서 속된 것에 물들지 않은 "가장 탁월한 순결함으로 빛나야" 할 필요성으로 인해 이후에 정화

---

4. q.82, a.2.
5. 동정 잉태는 마리아가 오로지 성령에 의해서만 그리스도를 잉태했음을 논하는 교리인 데 반해, 원죄 없이 잉태된 것은 마리아의 어머니인 성녀 안나가 마리아를 잉태한 그 순간부터 마리아가 원죄 없이 순결한 자였음을 논하는 교리다. 이 두 교리는 마리아가 하느님의 어머니라는 교리, 그리고 성모 승천 교리와 더불어 가톨릭교회의 마리아론(mariologia)에 있어 핵심을 이룬다.
6. 조규만, 『마리아, 은총의 어머니-마리아 교의와 공경의 역사』, 가톨릭대학교출판부, 1998, 257-260쪽; 263-266쪽; 290-291쪽.

되었다는 입장을 전개한다.⁷ 이렇게 토마스 아퀴나스가 활동하던 시점까지 가장 탁월한 교회의 박사들 사이에서도 정립되지 않았던 원죄 없이 잉태된 성모의 교리가 오늘날의 모습으로 발전하게 된 중요한 중세적 계기는 둔스 스코투스(1308년 사망)의 논의⁸로, 그의 입장은 널리 알려진 "Potuit, voluit, fecit", 즉 하느님께서 "할 수 있었고, 원하셨고, 하셨다"라는 원죄 없이 잉태된 성모의 교리를 지지하는 정식으로 표현되곤 한다.⁹

제82문 본래의 의로움의 결여와 타락한 욕망(I)−영혼: 원죄의 주체

원죄의 본성에 대한 이해 방식과 설명은 지극히 다양하다. 그중 토마스는 크게 두 흐름, 즉 본래의 의로움(iustitia originalia)의 결여의 관점에서 설명하는 안셀무스의 전통과 욕망(concupiscentia)의 타락의 관점에서 설명하는 아우구스티누스의 전통을 두 지주로 삼아, 본래의 의로움의 결여로서 원죄는 형상적 측면에서, 그리고 욕망의 타락은 질료적 측면에서 다룬다.

먼저 형상적 측면에서 원죄는 일종의 부패한 습성(habitus corruptus)으로 인간 영혼의 실체에 자리 잡고 있다. 원죄가 부패한 습성으로 드러나는 까닭은 한 인격과 하느님의 일치를 보장해 주던 은총의 상실에 있다. 인간은 본래 온전히 하느님만을 향하며, 하느님과 조화

---

7. q.81, a.5, ad3.
8. 예컨대 Johannes Duns Scotus, *In Sententiarum, III*, Vatican, Mariani ed., 2003, d.3, q.1, pp.181-184 등. 국내 연구로는 조규만, 『마리아, 은총의 어머니』, 260-262쪽, 특히 261쪽.
9. 조규만, 『마리아, 은총의 어머니』, 287-291; 370-378쪽 참조.

를 이룸으로써 일치를 이루려는 이끌림, 즉 하느님만을 향하던 습성을 갖고 있었다. 이런 의미에서 인간은 본래의 의로움으로 표현 가능한 하느님을 향한 질서하에 있다고 할 수 있다. 그런데 아담의 죄과로 은총을 잃으며 인간을 하느님에게 이어 주던 질서, 즉 본래의 의로움도 사라진다. 이로 인해 영혼에 자리를 잡고 있던 하느님을 향하던 이끌림, 즉 하느님만을 향하던 습성도 갈피를 잃고 혼란에 빠짐으로써 타락하게 된다.[10] 이 혼란과 타락은 단순히 지향점을 잃는 것 이상의 의미를 갖는다. 이 지향점과 그것을 향한 질서를 상실함으로써 하느님을 추구하도록 정향되어 있던 영혼의 각 능력들 사이의 조화까지 어그러졌기 때문이다. 이에 따라 인간은 그에게 온당한 선을 추구하는 데에 혼란과 지장을 받는다.

바로 여기에서 아우구스티누스의 전통에서 강조해 왔던 욕망을 토마스는 원죄 이해에 원용한다. 원죄의 본성 자체가 품고 있는 무질서는 마치 형상이 질료를 규정하듯 영혼의 각 능력을 통해 인간 본성과 그에 따른 활동에 다양한 방식으로 스며든다. 이에 따라 본래대로라면 본래의 의로움의 질서하에서 조화롭게 협력하는 영혼의 각 능력의 영향하에서 하느님만을 향해야 할 욕망도 방향성을 잃는다.[11] 이렇게 원죄 이후 인간은 선을 추구하고 선택하며 행하는 과정에서, 은총과 그에 따른 본래의 의로움을 품고 있을 때와는 달리, 온갖 크고 작은 악에 노출된다. 이 과정에서 원죄는 각 인간들이 삶에서 범하는 본죄(本罪, peccatum actuale)라는 비극적인 결과물들의 유일한 원

---

10. Jeremy Cohen, "Original Sin as the Evil Inclination: A Polemicist's Appreciation of Human Nature", *Harvard Theological Review* 73(1980), 505.
11. Ibidem.

천으로 드러난다.

  이렇듯 토마스 아퀴나스는 기존 전통의 원죄 이해를 질료형상설의 전망에서 독특한 방식으로 종합한다. 그리고 이런 독특한 종합적 이해를 제83문에서 더 세부적인 논의로 발전시킨다.

제83문 본래의 의로움의 결여와 타락한 욕망(II) – 원죄, 그리고 영혼과 육체

  위에서 언급했듯 형상적 원리로 드러난바, 본래의 의로움의 결여는 이 결여에서 비롯한 인간 혹은 인간 영혼의 모든 능력에서 확인 가능한 모든 무질서의 규정적 요소로 그 모습을 취한다. 제83문에서 토마스는 모든 인간이 공유하는 하나의 종적 규정 요소로서 원죄가 그 자체 다수화되지 않으면서도 인간의 다양한 능력들과 그들이 수행하는 다양한 작용 혹은 활동에 영향을 줄 수 있는가라는 문제와 마주선다.

  먼저 토마스는 원죄가 본래의 의로움과 동일한 주체를 갖되, 앞서 언급했듯 부패한 혹은 나쁜 습성 혹은 태세로서 주체에 자리 잡는 것으로 제시한다. 그래서 제1절에서는 오직 영혼만이 은총 혹은 본래의 의로움과 그에 대한 결여가 자리 잡는 주체임을, 제2절에서는 원죄가 오염시키는 것은 인간 영혼의 본질 그 자체이되, 원죄는 개별 인간 혹은 한 인격의 특정한 행위를 통해서가 아니라 생식 활동 혹은 번식을 통해 전해진다는 것을, 제3절에서는 원죄가 인간 혹은 인간 영혼의 각 능력들과 어떤 능동적인 원리로서가 아니라, 각 능력의 고유한 대상을 향한 질서의 결여로서 관계를 맺는다는 것을 보여 주려 한다. 한편 제4절에서는 제3절에서 강조한 그 자체 원죄의 영향을 일차적으로, 그리고 가장 많이 받는 능력이 의지(voluntas)임은 부인하지 않지만, 원죄의 영향을 가장 강렬하게 감지할 수 있는 능력으로 욕정적 능력을 꼽는다. 이는 욕망이라는 영역에 원죄의 상처가 가장 깊이 아로새겨져 있음을 역설하는 부분으로, 앞서 제82문의 논의에서 안셀무스의 전통에 비해 다소 부차적으로 다루었던 아우구스티누스 전통의 원죄 이해[12]의 유효성과 의의를 재확인한 것이라 볼 수 있다.

제84문 치유의 원죄론(I) – 죄의 원인을 찾아서

제84문에서 토마스 아퀴나스가 죄종(罪宗)들을 다루는 방식에서 특기할 만한 점은 교부들이나 여러 수도원 전통에서 죄종을 다루는 방식과 상이하게 드러나는 독특성이다. 교부들이나 여러 수도원 전통에서는 사목적 견지에서 죄종들과 이들에 뿌리를 둔 죄에 대한 논의를 일종의 죄짓지 못하게 하는 경고의 메시지로 활용했다. 이에 따라 이 전통에서는 이런 죄들로 인한 인간의 타락과 인간성의 파괴, 그리고 그에 따른 무시무시한 형벌들을 논하는 경우가 잦았으며, 죄에 발을 들임으로써 그들에게 찾아올 끔찍한 일들을 논하는 방식으로 죄종과 죄를 다루곤 했다.[13] 이런 면에서 많은 경우에 죄종에

---

12. Mark Johnson, "Augustine and Aquinas on Original Sin", in Michael Dauphinais, Barry David, & Matthew Levering(eds.), *Aquinas the Augustinian*, Washington D.C., The Catholic University of America Press, 2007, p.147.
13. Cf. Morton W. Bloomfield, *The Seven Deadly Sins: An Introduction to the History of a Religious Concept, with Special Reference to Medieval English Literature*, Oxford, Ox-

대한 기존의 논의는 더 이상의 죄를 짓지 않도록 사람들에게 경고하며 붙드는 일종의 예방책(preventive measure)의 역할에 초점이 맞춰져 있었다고 할 수 있다.

반면에 『신학대전』에서 토마스 아퀴나스가 죄종을 다루는 방식은 사뭇 다르다. 제84문에서 토마스가 전개하는 논의는 죄의 심각성보다 그 기원에 대한 물음의 형식으로 취하고 있다. 먼저 그는 죄종들을 으뜸가는 죄로 꼽는 이유를 가장 무거운 형벌을 받아야 하기 때문이 아니라, 이들이 다른 죄를 이끄는 지배 원리(principium) 혹은 시원(始元)이라는 데에서 찾는다(제2절 답변). 이 과정에서 토마스는 죄종을 범하는 자가 지향하는 선은 무엇인가라는 물음의 답을 모색하는 한편으로, 그와 같은 지향에도 불구하고 그보다 훨씬 못한 선으로 귀착하게 되는 이유에 눈을 둔다. 예컨대 교만은 탁월함을, 인색은 풍족함을, 그리고 탐식과 색욕은 즐거움을 목적으로 삼는다는 점에서 그는 일곱 죄종 중 넷이 인간의 행복을 구성하는 근본 요소들과 연관되어 있음을 밝힌다. 또한 나머지 셋, 즉 분노와 질투, 그리고 나태의 경우 직접적으로 선을 추구하는 것은 아닐지라도 모종의 선을 추구하기 위해 악을 선택하거나 모종의 악을 피하기 위해 그것에 결부된 선을 피하는 경우로 제시한다.[14]

---

ford University Press, 1955, pp.55-80.
14. 전통적 죄종에 대한 논의와 토마스의 논의, 특히 『신학대전』의 논의 사이에서 드러나는 차이에 대한 일반적 논의에 대해서는: Cf. Leonard. E. Boyle, OP, "The Setting of the *Summa Theologiae* of Saint Thomas", in ID., *Facing History: A Different Thomas Aquinas*, Turnhout, Brepols, 2000, pp.84-85; Eileen C. Sweeney, "Aquinas on the Seven Deadly Sins: Tradition and Innovation", in Richard G. Newhouser and S. J. Ridyard(eds.), *Sin in Medieval and Early Modern Culture: The Tradition of the Seven Deadly Sins*, Croydon, York Medieval Press, 2012, pp.88-89.

이로써 토마스 아퀴나스는 죄를 다루는 데 있어서 죗값이나 그에 따른 처벌보다는 죄지은 자의 행위의 동기와 그 원천을 추적하는 작업에 집중하며 죄의 본성을 독자들에게 이해시키려 한다. 이에 따라 그의 죄종과 죄에 대한 논의는 죄의 근간과 법칙성 및 본질을 드러내어 인간이 지은 죄, 혹은 그가 짊어진 죄가 무엇인지를 이해시키는 데 역점을 두고 있다고 말할 수 있다. 이런 면에서 토마스 아퀴나스의 죄에 대한 분석은 죄의 결과를 두려워해야 마땅한 것으로서 제시하는 경고나 예방책으로서 기능했던 기존의 죄종 및 죄에 대한 논의와 차별화된다. 특히 '감히 죄짓지 못하게 하는 것'에 초점을 두기보다, 인간의 행위와 관련하여 의도했든 의도치 않았든 그가 '지을 수밖에 없었던 죄 자체의 본성'에 착목하도록 하고 이에 대해 성찰케 한다. 이런 면에서 그의 원죄론은 원죄에 대한 진저리 어린 혐오와 그에 따른 회한을 품게 함으로써 그 이상의 죄를 피하도록 유도하려 했던 기존 논의의 범위에 머물려 하지 않는다.

실상 기존의 예방적 조치는 죄를 통해 인간 스스로를 되돌아보는 진지한 관심 자체를 차단할 가능성을 언제나 배태하고 있다. 그래서 이런 논의는 행위자로 하여금 죄를 피하는 데 급급하게 하는 수준에 머물도록 가능성을 항상 배태하고 있다. 반면 토마스가 전개하는 원죄론은 죄의 본성을 직시하고 이를 자신과 세계 그리고 궁극적으로 신과 맺은 관계 속에서 반성적으로 이해하게 한다. 이는 또한 죄로 인해 무너진 질서를 스스로 회복하는 영적/실천적 수련으로 나아갈 출발점이 된다. 토마스 아퀴나스의 죄종론 및 죄론은 죄에 대한 처벌을 상기시키며 취하는 기존의 예방 조치보다 더 적극적으로 행위의 주체들에게 자신의 본성과 행위에 따른 죄로 인해 입은 상처를 치유할 계기로서 작동할 여지를 마련하기 때문이다. 이런 의미에서 토마스의 논의는 인간은 물론 세계와 신에게까지 상처를 입힌 죄의 본성을 이해함으로써 그 상처에서 벗어나는 치유의 원죄론에 기초를 제공하는 작업으로 접근할 수 있을 것이다.

제85문 치유의 원죄론(II) – 본성의 상처를 직면하기

제85문에서 토마스 아퀴나스가 가장 먼저 직면하는 문제는 원죄 이후 인간에 대한 상충하는 두 이해 방식, 즉 라틴 교부 전통에서 거론한 '은총을 잃고 본성이 훼손된 자'라는 비관적 인간관과 위디오니시우스 등이 타락한 천사들을 논하며 거론했던 '타락했음에도 그 본성은 온전히 보존된 자' 사이의 긴장을 해소하는 것이었다.[15]

이 긴장 관계의 해소책은 한때 인간이 품었던 선과 여전히 품고 있는 세 종류의 선함에 대한 이해로 제시된다.[16] 먼저 그는 본성의 고유한 구성 원리와 관계된 것들은 본죄는 물론 원죄로도 훼손되지 않으며, 이런 의미에서 본성과 그것의 선함은 원죄와 본죄에 의해 훼손되지 않고 온전히 남아 있다고 주장한다. 반면에 인간의 본성과 그것의 선함이 원죄와 본죄에 의해 훼손된다고 말할 수 있는 맥락은 이들이 덕을 지향하는 인간의 이끌림에 장애 요소로 작용한다는 데에서 찾을 수 있다. 그리고 셋째로 그는 원죄 이전과 원죄 이후의 본성의 비교를 통해 확인 가능한 맥락을 제시한다. 그에 따르면 원죄가

---

15. M. M. Labourdette, OP, *Le péché originel et les origines de l'homme*, Paris, Alsatia, 1953, pp.86-87.
16. q.85, a.1.

원조는 물론, 그로부터 나온 인류 전체에게 마련되어 있던 은총과 본래의 의로움을 앗아 갔고, 이로 인해 인간 본성의 질서가 무질서에 빠져들었다는 점에서 원죄에 의한 인간의 본성의 훼손을 논할 수 있다.

한편 이렇게 본성과 그에 대한 훼손을 논하는 맥락의 구분 자체가 이것 아니면 저것으로 인간의 본성을 논해야 하는 딜레마를 효과적으로 벗어나는지를 그 논의 자체만으로 평가하기는 어렵다. 하지만 이와 같은 구분에도 불구하고 오히려 셋으로 나뉨으로써 남아 있는 듯 보이는 그 긴장감은 상반되는 두 가지 삶, 즉 하느님 안에서의 삶과 죄짓는 삶과 관련하여, 그가 주장하고자 하는 바 당위들로서, 첫째, 어느 쪽을 살아 낼 것인가는 우리의 자유로운 의지에 달려 있다는 것, 둘째, 하느님과 일치 혹은 합일이 모든 인간에게 주어진 사명이며, 우리의 의지가 지향하는 바이기에, 그 일치 혹은 합일에 훼방을 놓는 무질서 상태를 벗어나기 위해 애써야 한다는 것, 셋째, 일치 혹은 합일에 훼방을 놓는 무질서 상태라는 것이 하느님에 대한 외면으로부터 비롯하는 것이므로, 언급한 그 사명을 벗어나기 위해 다시 우리의 시선을 하느님을 향해 되돌려야 한다는 것, 넷째, 하느님과 함께하는 데 따르는 어려움의 근간이 우리 안에 생득적으로 늘 함께하며 여러 어려움을 안팎으로 야기하지만, 그럼에도 그 어려움이라는 것이 우리로 하여금 우리를 창조한 하느님과 우리를 구원하는 그리스도의 부름에 부응하지 못하게 할 만큼은 아니라는 것을 논하는 과정 내내 독자들을 이끄는 길잡이 역할을 한다.

앞에서 우리는 제84문의 논의들이 원죄와 그에 따른 죄의 결과, 그리고 그 죗값이나 형벌에 대한 두려움으로 죄를 짓지 않게 만드는 예방책이 아니라 죄와 죄를 짓는 본성에 대한 이해를 통해 죄로 인해 생긴 상처의 치유를 지향한다고 언급한 바 있다. 그렇다면 우리는 제85문에서 토마스 아퀴나스의 논의의 목적이 이 치유의 과정에서 인간이 입은 상처들의 본질을 이해함으로써 스스로 치유해야 할 상처의 정체를 확인하는 한편으로, 궁극적으로 그 치유가 무엇을 지향하는 것인지를 상기시키는 데 있다고 말할 수 있을 것이다.

맺으며

이렇듯 『신학대전』 제2권 제2편 제81문에서 제85문에 이르는 논의는 『신학대전』이라는 대작의 일부로서 전체와 호응하고 있지만, 이 부분만으로도 원죄에 대한 탐구로서 큰 가치를 갖는다. 원죄의 원인으로부터 시작하여 원죄의 본질, 그리고 원죄의 결과로 이어지는 논의들 속에서 토마스 아퀴나스는 끊임없이 원죄라는 것을 통해 우리가 궁극적으로 생각해야 할 우리 삶의 궁극적 목적이 하느님과의 관계 회복과 그에 따른 일치임을 일깨우려 한다. 특히 이 다섯 문항에 담긴 내용은 원죄의 문제와 관련하여 본래 은총으로 지녔던 본래의 의로움의 상실로 인해 생긴 인간 본성의 부패와 혼란과 무질서 속에서도 여전히 유지하고 있는 인간 본성의 선함을 동시에 바라보게 하는 힘을 갖고 있다.

물론 이 부분의 분량은 짧고 이 부분에서 등장하는 함축적 논의만으로 토마스 성인의 원죄에 대한 사상을 온당히 드러내기는 어렵다. 하지만 이 다섯 문항에서 토마스가 전개하는 탄탄한 논의는, 원죄의 문제에 대한 더 섬세하고 정교한 논의들을 담고 있는 여러 작품들, 예컨대 『악에 관한 토론문제집』(*Quaestiones disputatae de malo*) 등에 등장하는 원죄에 관한 토마스의 사상의 면밀한 이해는 물론, 그로부터 구원과 은총의 신비의 깊이로 향하는 명상의 길에서 안내자이자 길잡이로서 충분한 자격을 갖추었다고 평가하기에 부족함이 없다.[17]

참고문헌

Bloomfield, Morton W., *The Seven Deadly Sins: An Introduction to the History of a Religious Concept, with Special Reference to Medieval English Literature*, Oxford, Oxford University Press, 1955.

Boyle, Leonard E., OP, "The Setting of the Summa Theologiae of Saint Thomas", in ID(ed.), *Facing History: A Different Thomas Aquinas*, Turnhout, Brepols, 2000, pp. 65-91.

Brook, Angus, "Thomas Aquinas on the Effects of Original Sin: A Philosophical Analysis," *The Heythrop Journal* 59(2018), 721-732.

Brady, Ignatius, "The Relation of Sin and Death according to Medieval Theologians," *Studia Mariana* 7(1950), 50-80.

Cohen, Jeremy, "Original Sin as the Evil Inclination: a Polemicist's Appreciation of Human Nature," *Harvard Theological Review*

---

17. Daniel W. Houck, *Aquinas, Original Sin, and the Challenge of Evolution*, Cambridge, Cambridge University Press, 2020, pp.55-56.

73(1980), 495-520.

Costa, Iacopo, "Génération charnelle et transmission du péché originel chez Thomas d'Aquin", *Revue des sciences philosophiques et théologiques* 103(2019), 603-623.

De Letter, P., SJ, "The Reparation of Our Fallen Nature", *The Thomist* 23(1960), 564-583.

Di Noia, J. A., OP, "Not 'Born Bad': The Catholic Truth about Original Sin in a Thomistic Perspective", *The Thomist* 81(2017), 345-359.

Horner, Robyn, "Problème du mal et péché des origines," *Recherches de Science Religieuse* 90(2002), 63-86.

Houck, Daniel W., *Aquinas, Original Sin, and the Challenge of Evolution*, Cambridge, Cambridge University Press, 2020.

Johannes Duns Scotus, *In Sententiarum, III*, Vatican, Mariani ed., 2003.

Johnson, Mark, "Augustine and Aquinas on Original Sin", in Michael Dauphinais, Barry David, & Matthew Levering(eds.), *Aquinas the Augustinian*, Washington D.C., The Catholic University of America Press, 2007, pp.145-158.

Labourdette, M. M., OP, *Le péché originel et les origines de l'homme*, Paris, Alsatia, 1953.

Le Blanc, Marie, "Aspects du péché originel dans la pensée de saint Thomas d'Aquin," *La Revue thomiste* 92(1992), 567-600.

Lottin, D. O., OSB, "Le péché originel chez Albert le Grand, Bonaventure et Thomas d'Aquin," *Recherches de théologie ancienne et médiévale* 12(1940), 275-328.

MacDonald, Paul A., "Original Justice, Original Sin, and Free-Will Defense", *The Thomist* 74(2010), 105-141.

MaGrath, Oswin, OP, "St. Thomas' Theory of Original Sin", *The Thomist* 16(1953), 161-189.

O'Rourke, Fran, "Evil as Privation: the Platonic Background of Aquinas's De malo, 1" in M. V. Dougherty(ed.), *Aquinas's Disputed Questions on Evil: A Critical Guide*, Cambridge, Cambridge University Press, 2016, pp. 192-221.

Otto, Sean A., "Felix culpa: The Doctrine of Original Sin as Doctrine of Hope in Aquinas's *Summa contra Gentiles*", *The Heythrop Journal* 50(2009), 781-792.

Sweeney, Eileen C., "Aquinas on the Seven Deadly Sins: Tradition and Innovation", in Richard G. Newhouser and S. J. Ridyard(eds.), *Sin in Medieval and Early Modern Culture: The Tradition of the Seven Deadly Sins*, Croydon, York Medieval Press, 2012, pp.85-106.

Te Velde, Rudi A., "Evil, Sin, and Death: Thomas Aquinas on Original Sin", in Rik Van Nieuwenhove and Joseph Wawrykow(eds.), *The Theology of Thomas Aquinas*, Notre Dame, University of Notre Dame Press, 2005, pp.143-166.

Vandervelde, G., *Original Sin*, Amsterdam, Rodopi NV, 1975.

Weithman, Paul J., "Augustine and Aquinas on Original Sin and the Function of Political Authority", *Journal of the History of Philosophy* 30(1992), 353-376.

김정우,「죄종」,『한국가톨릭대사전』, 제10권, 한국교회사연구소, 2004, 7788-7790쪽.

몬딘, 바리스타,『신학적 인간학』, 윤주현 옮김, 가톨릭출판사, 2011, 249-277쪽.

몬딘, 바리스타,「원죄」,『성 토마스 개념사전』, 이재룡·안소근·윤주현 옮김, 한국성토마스연구소, 2쇄, 2021, 500*-504쪽*.

이상섭,『악과 죄종: 토마스 아퀴나스의 '악에 대한 토론문제집' 풀어 읽기』, 서강대학교출판부, 2021.

조규만,『마리아, 은총의 어머니-마리아 교의와 공격의 역사』, 가톨릭대학교 출판부, 1998.

조규만,『원죄론-인류의 연대성, 죄의 보편성』, 가톨릭대학교출판부, 2000.

토마스 아퀴나스,『신학요강』, 박승찬 옮김, 도서출판 나남, 2008, 제186-197장, 310-322쪽.

토마스 아퀴나스 신학대전 26
원죄

제2부 제1편
제81문 - 제85문

QUAESTIO LXXXI
DE CAUSA PECCATI EX PARTE HOMINIS
in quinque articulos divisa

Deinde considerandum est de causa peccati ex parte hominis.[1] Cum autem homo sit causa peccati alteri homini exterius suggerendo, sicut et Diabolus, habet quendam specialem modum causandi peccatum in alterum per originem.[2] Unde de peccato originali dicendum est. Circa quod tria consideranda occurrunt, primo, de eius traductione; secundo, de eius essentia;[3] tertio, de eius subiecto.[4]

Circa primum quaeruntur quinque.

Primo: utrum primum peccatum hominis derivetur per originem in posteros.

Secundo: utrum omnia alia peccata primi parentis, vel etiam

---

1. Cf. q.79, Introd.
2. origo에는 기원(起源)과 원천(源泉)이라는 뜻과 함께 출생이라는 뜻도 있으며, 라틴어 원문에서는 이 두 가지 뜻이 중의적으로 쓰이고 있다. 그런데 불행히도 우리말에는 기원 혹은 원천과 출생을 하나로 묶어 이 중의적 표현을 살려 낼 역어를 찾기 어렵다. 이에 따라 본 번역서에서는 자연스러운 우리말 어감과 직접적인 의미의 전달을 위해 "per originem"을 "출생을 통해"로 표기한다. 하지만, 아울러 첫 인간으로부터 비롯한 죄와 관련하여 그 기원 혹은 원천으로부터 후손으로까지 이어진다는 뜻도 함께 새겨야 한다. "origo"의 여러 의미에 대해서는: Cf. C. T. Lewis and C. Short, *A Latin Dictionary*, Oxford, Oxford Univ. Press, 1879(인터넷

제81문
인간 편에서 원죄의 원인에 대하여
(전5절)

이제 인간 편에서 죄(peccatum)의 원인을 고찰해야 한다.[1] 악마처럼 인간은 외적 교사(教唆)를 통해 다른 사람의 죄를 야기한다. 한편으로, 모종의 특수한 양태, 즉 출생을 통해(per originem)[2] 타인의 죄를 야기하는 방식도 갖고 있다. 이에 따라 원죄에 대해 논해야만 한다. 그런데 이에 대해 세 가지, 즉 첫째 원죄의 전이 또는 유전(transmissio), 둘째, 그것의 본질,[3] 셋째, 그것의 주체에 대해 고찰하게 될 것이다.[4]

먼저 첫째 [주제]와 관련하여 다섯 가지 문제가 제기된다.

첫째, 인간의 최초의 죄는 출생을 통해 후손으로 이어지는 방식으로 유래되었는가?

둘째, 우리 원조(元祖, primus parens)의 다른 모든 죄들, 혹은 다른 조상들의 죄(peccatum)는 후손에게 출생을 통해 유래되는가?

URL, http://www.perseus.tufts.edu/hopper/text?doc=Perseus:text1999.04.0059:entry=origo1); F. Gaffiot, *Dictionnaire illustré Latin-Français*, Paris, Hachette, 1934(인터넷 URL, http://micmap.org/dicfro/search/gaffiot/origo).

3. q.82.
4. q.83. "문제는 원죄에 관한 것이다. 그리고 첫째, 어떤 죄가 출생에 의해서 획득되는지를 묻는다."(*De malo*, q.4, a.1) "둘째, 원죄란 무엇인지를 묻는다."(ibid., a.2) "셋째, 원죄의 주체는 무엇인지, 다시 말해, 육체인지 아니면 영혼인지를 묻는다."(ibid., a.3)

aliorum parentum, per originem in posteros deriventur.

Tertio: utrum peccatum originale derivetur ad omnes qui ex Adam per viam seminis generantur.

Quarto: utrum derivaretur ad illos qui miraculose ex aliqua parte humani corporis formarentur.

Quinto: utrum si femina peccasset, viro non peccante, traduceretur originale peccatum.

Articulus 1
Utrum primum peccatum primi parentis traducatur per originem in posteros

셋째, 원죄는 정액을 통해 아담으로부터 출산된 모든 사람에게 유래되는가?

넷째, 원죄는 인간 육체의 일부로부터 기적적으로 형성된 사람에게도 유래되는가?

다섯째, 설령 남자가 죄를 짓지 않고 여자가 죄를 지었더라도 원죄가 유래될 것인가?

제1절 우리 원조의 최초의 죄는 출생을 통해 그의 후손에게 전해졌는가?

Parall.: *In Sent.*, II, d.30, q.1, a.2; d.31, q.1, a.1; *ScG*, IV, 50-52; *De malo*, q.4, a.1; *Compend. Theol.*, c.196; *In Ep. ad Rom.*, c.5, lec.4.

Doctr. Eccl.: 다음은 교회 박사들이 원죄에 대해 정의하고 포고한 것들이다: "인간은 악마의 권유로 죄를 지었다": DS 428[DH 800]; "아담은 첫 죄로 육체와 영혼을 타락시킴으로써 거룩함과 정의로움을 철저히 잃어버렸다": DS 174[DH 371; DS 200b[DH 400]; DS 788[DH 1511]; DS 2123[=DH 3514]; DS 2212[DH 3696]; 어마어마한 파멸(massa perditionis)을 저지름; DS 988[DH 1511], DS 793[DH 1521] - 이와 같은 아담의 범죄는 그 자신에게만 해를 끼친 것이 아니라 그의 자손 전체가 원죄에 사로잡히게 하였다: DS 102[DH 223], DS 109a[DH 231], DS 130[=DH 239], DS 144[=DH 294], DS 175[=DH 372], DS 316[=DH 621], DS 348[=DH 685], DS 376[=DH 728], DS 536[=DH 1011], DS, 574a[=DH 1073], DS 711[=DH 1347], DS 789[=DH 1512] 이하, DS 793[=DH 1521], DS 1643[=DH 2805] 이하; 그럼에도 욕망을 그릇되게 "죄"라 일컫기도 한다. DS 792[=DH 1515]. - 원죄는 모방이 아니라 아담의 정액(semen)을 통한 영혼의 주입(traductiom animae)과 재생산(generatio)에 의해 옮아간다. DS 109a[=DH 231], DS 711[=DH 1347], DS 790[=DH 1513] 이하, DS 795[=DH 1523], DS 2229[DH 3705]; 원죄는 진정한 죄다: DS 101[=DH 222]. DS 174[=DH 394] 이하, DS 789[=DH 1512] 이하; 죄책 있는 상태가 형벌은 아니다: DS 376[=DH 728]; 원죄는 모든 사람이 지닌 것이다: DS 790[=DH 1513]. DS 795[=DH=1523]; 그럼에도 인격적 죄는 아니다: DS 532[=DH 1006]; 원죄는 아이에게도 있다:

q.81, a.1

Ad primum sic proceditur. Videtur quod primum peccatum primi parentis non traducatur ad alios per originem.

1. Dicitur enim Ezech. 18, [20], *filius non portabit iniquitatem patris*. Portaret autem, si ab eo iniquitatem traheret. Ergo nullus trahit ab aliquo parentum per originem aliquod peccatum.

2. Praeterea, accidens non traducitur per originem, nisi traducto subiecto, eo quod accidens non transit de subiecto in subiectum. Sed anima rationalis, quae est subiectum culpae, non traducitur per originem, ut in Primo[1] ostensum est. Ergo neque aliqua culpa per originem traduci potest.

3. Praeterea, omne illud quod traducitur per originem humanam, causatur ex semine. Sed semen non potest causare peccatum, eo quod caret rationali parte animae, quae sola potest esse causa peccati. Ergo nullum peccatum potest trahi per originem.

4. Praeterea, quod est perfectius in natura, virtuosius est ad

---

1. I, q.118, a.2.

DS 102[=DH 223], DS 410[=DH 780], DS 532[=DH 1006], DS 791[=DH 1514]; 원죄는 그리스도교인들은 물론 불신앙자들의 아이에게도 있다: DS 534[=DH 1008]; 원죄는 유아에게 주입된 습성적 의지로 인해 의지적이다: DS 1048[=DH 1948]; 의지적인 것은 죄의 본질과 정의에 속하지 않으며, 기원(origin)과 관련된다: DS 1047[=DH 1947]; 동의(consensus)에 따른 본죄(peccatum actuale)와 다르다: DS 410[=DH 780]; atquc etiam ratione poenae, quac pro pcccato originali solo est carcntia visionis Dci: DS 410[=DH 780]; 세례를 받지 않은 아이는 모종의 형벌을 받는데, 그럼에도 실제로 하느님을 증오하고 모독한 형벌은 아니다: DS 1049[=DH 1949]; 세례를 받지 않은 아이는 불의 형벌에 처해지지 않는다: DS 493a[=DH 926], DS 1526[=DH 2626].

[반론] 첫째에 대해서는 다음과 같이 진행된다. 원조의 최초의 죄는 출생을 통해 다른 인간들에게 전이되지 않는 것으로 보인다.

1. 에제키엘서 18장 [20절]에서 "아들은 아버지의 죗값(iniquitas)을 짊어지지 않고"라고 말하기 때문이다. 그런데 만약 그[아버지]로부터 그[아들]에게 [죗값이] 전해진다면 [그는] 죗값을 짊어지게 될 것이다. 따라서 어느 누구도 부모 중 누군가로부터 출생을 통해 죄를 전해 받지 않는다.

2. 우유는 어떤 주체에서 다른 주체로 전이되지 않으며, 그 까닭에 그 주체까지 전해지지 않는 이상 [우유는] 출생을 통해 전해지지 않는다. 그런데 앞서 제1부에서[1] 확인한 바와 같이 죄과(culpa)의 주체인 이성혼은 출생을 통해 전해지지 않는다. 따라서 어떤 죄과도 출생을 통해 전해질 수 없다.

3. 인간에게 출생을 통해 전해진 것 일체는 정액(semen)에 의해 야기된다. 그런데 정액은 죄악을 야기할 수 없다. 왜냐하면 영혼의 이성적 부분을 결하기 때문이다. 오직 [영혼의 이성적 부분만이] 죄의 원인이 될 수 있다. 그러므로 어떤 죄도 출생을 통해 전해질 수 없다.

4. 본성상 더 완전한 것은 그 행위와 관련하여 더 탁월하다. 그런

agendum. Sed caro perfecta non potest inficere animam sibi unitam, alioquin anima non posset emundari a culpa originali dum est carni unita. Ergo multo minus semen potest inficere animam.

5. Praeterea, Philosophus dicit, in III *Ethic.*,[2] quod *propter naturam turpe nullus increpat, sed eos qui propter desidiam et negligentiam.* Dicuntur autem natura turpes qui habent turpitudinem ex sua origine. Ergo nihil quod est per originem, est increpabile, neque peccatum.

SED CONTRA est quod Apostolus dicit, *Rom.* 5, [12]: *Per unum hominem peccatum in hunc mundum intravit.*[3] Quod non potest intelligi per modum imitationis, propter hoc quod dicitur *Sap.* 2, [24]: *Invidia Diaboli mors intravit in orbem terrarum.*[4] Restat ergo quod per originem a primo homine peccatum in mundo intravit.[5]

---

2. Aristoteles, *Ethica Nic.*, III, 5, 1114a23. 우리말 번역은 아리스토텔레스, 『니코마코스 윤리학』, 강상진·김재홍·이창우 옮김, 도서출판 길, 2011 참조. 성 토마스 아퀴나스의 주해는 *In Ethic.*, lect 12, n.514.

3. DS 102[=DH 223]: "아담에게서 비롯하여 우리 모두에게, 그리고 모든 영혼에게 전해진, 대를 이어 온 죽음의 빚 문서를 찢어 버리십시다. 태어난 모든 사람은 세례를 받아 자유로워지기 전에 이 '빚 문서'를 통해 예외 없이 종의 신분에 있습니다"; DS 175[=DH 372]: "아담의 범죄가 그 자신에게만 해를 끼쳤을 뿐 그의 후손들에게 해를 끼친 것이 아니라고 내세우거나, 영혼의 죽음인 죄가 아니라 죄에 대한 벌인 육체의 죽음만이 한 사람을 통해 전 인류에게 전해진 것이라고 내세우는 사람은, 하느님께 불의를 전가시키는 것이다." 우리말 번역은 각각 하인리히 덴칭거, 『신경, 신앙과 도덕에 관한 규정·편람』, 한국천주교주교회의, 2017에서 "418년 카르타고 공의회 문헌"(82쪽, 231), 그리고 "529년 오랑주 공의회 문헌"(140쪽, 372) 참조.

데 완전한 육(肉, caro)은 그것과 결합하는 영혼을 오염(汚染)시킬 수 없다. 그렇지 않다면 영혼은 육과 결합되어 있는 동안 원죄에서 정화될 수 없을 것이기 때문이다. 그러므로 정액이 영혼을 오염시킬 수는 더더욱 없다.

5. 철학자는 "본성상 추루한 사람은 누구도 비난하지 않지만 빈둥거림이나 게으름으로 인해 그렇게 된 사람은 비난한다."[2]고 말한다. 그런데 태생적으로 추루한 사람들은 본성상 그러한 것이다. 그러므로 출생을 통해 온 것 중 어떤 것도 비난받을 만하거나 죄가 아니다.

[재반론] 사도 [바오로]는 로마서 5장 [12절]에서 "한 사람을 통하여 죄가 세상에 들어왔고 죄를 통하여 죽음이 들어왔다."[3]고 말한다. 이는 또한 지혜서 2장 [24절]에 "악마의 시기로 세상에 죽음이 들어왔다."[4]고 기록되어 있다. 그렇기 때문에 [죄가] 모방과 교사(敎唆)의 방식으로(per modum imitationis et incitationis) [유래되는 것으로] 이해될 수 없다. 그러므로 원죄는 첫 인간에 의해서 출생을 통해 세상에 들어온 것이다.[5]

---

4. Vulgata: "Invidia diaboli mors introibit in orbem terrarum."
5. (*추가주) 이는 로마 5,12의 사도 바오로의 말에서 분명히 드러난다: "마치 한 사람을 통하여 죄가 세상에 들어왔고 죽음이 들어왔듯이, 또한 이렇게 모두 죄를 지었으므로 모든 사람에게 죽음이 미치게 되었습니다." 한편 한 사람으로 인해 세상에 죄가 모방의 방식으로 유입되었다고 말할 수는 없다. 경우가 이러하다면 원조의 죄를 모방하여 죄를 짓는 사람에게만 죄가 이르게 될 것이며, 또한 죽음도 죄를 통해 이 세상에 들어왔기에, 죄를 지은 원조와 닮은 방식으로 죄를 지은 사람에게만 이르게 될 것이기 때문이다. 하지만 이것[죄가 모방을 통해 유입되었다는 생각]을 배제하기 위해 사도 바오로는 이에 덧붙여 14절에서 "아담부터 모세까지는 아담의 범죄가 같은 방식으로 죄를 짓지 않은 자들까지도 죽음이 지배하였습니다."라 말하였다. 그러므로 사도 바오로가 모방의 방식으로 이 세상에 죽음이 들어온 것이 아니라 출생이라는 방식으로 [이 세상에 죽음이 들어온 것이라] 여겼다. - 나아가 사도 바오로가 모방으로 이 세상에 들어

q.81, a.1

RESPONDEO dicendum quod secundum fidem Catholicam[6] est tenendum quod primum peccatum primi hominis originaliter transit in posteros.[7] Propter quod etiam pueri mox nati deferuntur ad Baptismum, tanquam ab aliqua infectione culpae abluendi.[8] Contrarium autem est haeresis Pelagianae, ut patet per Augustinum in plurimis suis libris.[9]

Ad investigandum autem qualiter peccatum primi parentis originaliter possit transire in posteros, diversi diversis viis processerunt. Quidam[10] enim, considerantes quod peccati subiectum est anima rationalis, posuerunt quod cum semine rationalis anima traducatur, ut sic ex infecta anima animae infectae derivari videantur.—Alii vero,[11] hoc repudiantes tanquam erroneum, conati sunt ostendere quomodo culpa animae parentis traducitur in prolem, etiam si anima non traducatur, per hoc quod corporis defectus traducuntur a parente in prolem, sicut si leprosus generat leprosum, et podagricus podagricum, propter aliquam corruptionem seminis, licet talis corruptio non dicatur lepra vel podagra. Cum autem corpus

---

온 죄를 말하려 하였다면 지혜 2,24-25에서 분명하게 "악마의 시기로 세상에 죽음이 들어와…"라고 말하듯 "한 사람을 통하여"보다는 "악마를 통해서"라고 말하였을 것이다. 왜냐하면 그의 파당에 속하는 자들은 그것을 닮게 되기 마련이기 때문이다.(*ScG*, IV, 50, 340, 3853-341, 3855)

6. Cf. Conc. Carthago, a.418, can.2: DS 102[=DH 223]; Conc. Araus. II, a.529, can.2: DS 175[=DH 372].
7. (*추가주) 성 토마스 아퀴나스는 『대이교도대전』 제4권 제50-52장에서 원죄를 논했다. 이미 이 책에서 모든 이성의 노력을 넘어서는 그런 진리들(제1권 제9장)

[답변] 가톨릭 신앙[6]에 따라 우리는 첫 인간의 첫 죄가 그의 후손에게 전해졌다는 [입장을] 고수해야 한다.[7] 이런 까닭에 어떤 죄과의 오염을 씻어 내듯 아이들이 출생하자마자 곧 세례를 받도록 데려가는 것이다.[8] 이는 아우구스티누스의 여러 저작에서 분명히 했듯 펠라기우스 이단과 정반대다.[9]

우리 원조의 죄가 그의 후손에게 어떻게 출생을 통해 전해질 수 있었는지를 설명하려 애쓰는 가운데 여러 저자들은 다양한 길을 모색했다. 어떤 이들은[10] 죄의 주체가 이성혼(理性魂)이라 간주하여, 이 이성혼이 정액과 함께 전해지며 따라서 오염된 영혼이 다른 오염된 영혼을 산출하는 것으로 보인다고 주장했다.—다른 이들은[11] 이런 [주장을] 오류라고 반박하며 영혼이 전해지지 않더라도, 정액[에 일어난] 모종의 부패(aliqua corruptio seminis)로 인해 (이런 부패를 나병이나 통풍이라고 부르지 않음에도) 나환자가 나환자를 낳으며, 통풍을 앓는 사람이 통풍을 앓는 자식의 아버지가 되기도 하는 것처럼, 육신의 결함이 부모로부터 자식에게로 전해진다는 사실로부터 부모 영혼의 죄과가 모종의 방식으로 아이들에게 전해질 수 있는지를 보여 주려 애썼다. 그런데 육체는 영혼에 비례화되어(proportionatum) 있

에 대해 논하고 있는데, 원죄의 존재가 바로 그런 유형의 진리이며 우리에게 오로지 계시를 통해서만 드러날 수 있게 된다. Cf. R. Bernard, OP, *Le Péché*, t.II (trad. franç. de I-II, qq.79-89), Paris, 1931, App. II, p.323.

8. Cf. III, q.68, a.9.
9. Augustinus, *Retractationum libri duo*, A. Mutzenbecher(ed.), Turnhout, Brepols, 1984, I. 9; *De peccatorum meritis et remissione et de baptismo parvulorum*, C. F. Urba et J. Zycha(eds), Turnhout, Brepols, 1913, II, 9; *Contra. Iulianum*, III, 1(PL 44); *De dono perseverantiae*, II, 10(PL, 45).
10. vide A. Gaudel, art. "Péché originel" *in Dict. de Théol. Cath.* t. XI, col.450 sqq.
11. Cf. ibid.

sit proportionatum animae, et defectus animae redundent in corpus, et e converso; simili modo dicunt quod culpabilis defectus animae per traductionem seminis in prolem derivatur, quamvis semen actualiter non sit culpae subiectum.

Sed omnes huiusmodi viae insufficientes sunt. Quia dato quod aliqui defectus corporales a parente transeant in prolem per originem; et etiam aliqui defectus animae ex consequenti, propter corporis indispositionem, sicut interdum ex fatuis fatui generantur,[12] tamen hoc ipsum quod est ex origine aliquem defectum habere, videtur excludere rationem culpae, de cuius ratione est quod sit voluntaria.[13] Unde etiam posito quod anima rationalis traduceretur, ex hoc ipso quod infectio animae prolis non esset in eius voluntate, amitteret rationem culpae obligantis ad poenam, quia, ut Philosophus dicit in III *Ethic.*,[14] *nullus improperabit caeco nato, sed magis miserebitur.*

Et ideo alia via[15] procedendum est, dicendo quod omnes homines qui nascuntur ex Adam, possunt considerari ut unus homo, inquantum conveniunt in natura, quam a primo

---

12. (*추가주) 육체의 성향은 영혼의 성향을 따른다. 왜냐하면 한편으로는 영혼이 육체에 의해 받아들여지기 때문이며, 다른 한편으로 형상도 질료의 다양성에 따라 다양해지기 때문이다. 그래서 이런 까닭에 자식들은 심지어 영혼에 속하는 것과 관련하여 부모를 닮기도 한다. 하지만 이것은 영혼이 영혼으로부터 나오기 때문이 아니다.(*De pot.*, q.3, a.9, ad7)
13. 참조: *De pot*, q.3, a.9, ad7: "육체의 성향은 이성적 영혼의 성향에 따른다. 왜냐하면 이성적 영혼은 육체로부터 [어떤 것을] 받아들이고, 더불어 형상은 형상[과 결합하는] 질료의 다양성에 따라 다양화되기 때문이다. 이런 까닭에 아이가 영

기 때문에, 그리고 영혼의 결함은 육체로 흘러 들어가고, 역으로도 그렇기 때문에, 정액이 현실적으로 죄과의 주체가 아닐지라도, 유사한 방식으로 영혼의 죄과를 저지를 수 있는 결함이, 정액이 전해지면서 자식에게 유래되는 것이라고 말한다.

하지만 이 모든 설명은 불충분하다. 왜냐하면 출생을 통해 모종의 육체적 결함이 부모로부터 아이에게 전해진다는 것, 그래서 어리석은 자가 어리석은 자를 낳듯 영혼의 어떤 결함이 결과적으로 육체적 태세를 갖추지 못하기 때문에 전해진다고 할지라도,[12] 출생을 통해 결함을 갖는다는 사실은 죄과의 근거, 곧 그것이 의지적이라는 점을 배제하는 것처럼 보이기 때문이다.[13] 그러므로 이성혼이 전해진다고 할 경우 후손 영혼의 오염(infectio, 汚點)이 의지와 관계된 것이 아니라는 바로 그 사실로 인해 그 오점은 벌 받아야 할 죄과와 거리가 멀 것이다. 왜냐하면 철학자가 말한 것[14]처럼 "어떤 사람도 태어나면서부터 눈이 먼 사람을 비난하지 않으며, 오히려 그를 가련히 여길 것"이기 때문이다.

그러므로 모든 인간은 본성상 합치하는데 [그 본성을] 그들의 원조로부터 받은 것인 이상 아담으로부터 나온 모든 인간을 한 명의 인간(unus homo)처럼 고찰할 수 있다고 말하면서 [우리의 논의를] 다른 방향으로 진행시켜야 한다.[15] 그런 식으로 [우리는] 사회적 문제들에 대해(in civilibus) 한 공동체의 모든 구성원들을 한 몸처럼, 그리고 공동

혼에 속하는 것과 관련해서도 부모를 닮게 되는 것이지, [아이의] 영혼이 [부모의] 영혼으로부터 나왔기 때문에 [아이가 부모를 닮게 되는 것이] 아니다. Cf. 9.21, a2; Ia q.48, a.5-6.
14. Aristoteles, *Ethica Nic.*, III, 5, 1114a26.
15. Cf. A. Gaudel, art. "Péché originel" in *Dict. de Théol. Cath.* t. XII, col.475-478.

q.81, a.1

parente accipiunt; secundum quod in civilibus omnes qui sunt unius communitatis, reputantur quasi unum corpus, et tota communitas quasi unus homo. Porphyrius etiam dicit quod *participatione speciei plures homines sunt unus homo*.[16] Sic igitur multi homines ex Adam derivati, sunt tanquam multa membra unius corporis.[17] Actus autem unius membri corporalis, puta manus, non est voluntarius voluntate ipsius manus, sed voluntate animae, quae primo movet membra. Unde homicidium quod manus committit, non imputaretur manui ad peccatum, si consideraretur manus secundum se ut divisa a corpore, sed imputatur ei inquantum est aliquid hominis quod movetur a primo principio motivo hominis.[18] Sic igitur inordinatio quae est in isto homine, ex Adam generato, non est voluntaria voluntate ipsius sed voluntate primi parentis, qui movet motione generationis omnes qui ex eius origine derivantur, sicut voluntas animae movet omnia membra ad actum. Unde peccatum quod sic a primo parente in posteros derivatur, dicitur originale, sicut

---

16. Porphyrius, *Isagoge*, c. De specie, ed. A. Busse, Berlin, G. Reimer, 1887, p.32, 6.21-22 이하. 국역본 포르피리우스, 『이사고게』, 김진성 역, 이제이북스, 34쪽, 6.21-22에서는 "종에 관여함으로써 많은 사람들은 한 가지 사람이 되고"로 새겼으나, 본서에서는 토마스 논의의 맥락에 따라 부분적으로 수정했다.
17. (*추가주) 이를 분명히 입증하기 위해 우리는 우리가 개별적 인간을 두 가지 방식으로, 즉 첫째 방식은 어떤 개별적 인격으로서, 다른 방식은 무리의 일부로서 생각할 수 있다고 여겨야 한다. 그래서 어떤 행위도 인간에게 이 두 가지 방식으로 귀속될 수 있다. 이에 따라 개별 인격으로서 인간에게 귀속하는 행위는 그들의 고유한 선택에 따라 그들 자신이 수행하는 것으로 귀속된다. 그러나 공동체의 일부로서 인간에게는, 그들 자신이 수행한 것도 그들의 선택에 따른 것

체 전체를 마치 한 사람처럼 간주한다. 포르피리우스 또한 "[동일한 혹은 하나의] 종(種)에 참여함으로 인해 많은 사람들은 한 사람이 된다."[16]고 말한다. 그러므로 이렇게 아담으로부터 나온 다수의 인간들은 마치 하나의 육체에 달린 여러 지체와 같다.[17] 그런데 어떤 육체의 지체, 예컨대 손의 작용은 의지적이지만[=의지에 따르지만] 그 손의 의지에 의한 것이 아니라, 지체를 움직이는 제1원동자인 영혼의 의지에 의한 것이다. 그렇기에 손이 범한 살인에 대해 육체로부터 분리시켜 그 자체로 고려한 손에 죄의 탓을 돌리지 않고, 인간에게 귀속되는 인간의 제1운동 원리[=영혼][18]에 의해 움직인 손에 죄의 탓을 돌리는 것이다. 이런 식으로 아담으로부터 태어난 이 인간에게 있는 무질서 상태는 의지적이되, 그의 의지가 아니라 그의 원조의 의지에 따른 것이다. 그의 원조는 마치 영혼의 의지가 모든 지체를 움직여 행위하게 하듯 출산(generatio)이라는 운동을 통해 그에게 기원을 둔 모든 인간들을 산출했다(movere). 그러므로 마치 영혼으로부터 흘러와 육체의 지체로 흘러 들어간 죄를 본죄(本罪, peccatum actuale)라 하듯 원조로부터 후손이 전해 받은 죄를 원죄(原罪, originale)라 일컫는

도 아니지만, 공동체 전체 혹은 공동체의 대다수 혹은 공동체의 수장에 의해 수행된 것을 정치 공동체(civitas)의 수장이 행한 것을 그 정치 공동체가 행했다고 말하는 것처럼, 아리스토텔레스가 말했듯 귀속된다. 그래서 이런 식으로 마치 한 사람을 비난하듯 인간 공동체를 비난하는 것이다. 이러 까닭에 마치 사도 바오로가 1코린 12[12]에서 교회의 지체에 대해 지적하셨듯 다양한 직무를 맡은 다양한 사람들은 이 자연적 육체의 다양한 지체와 유사하다. 그러므로 우리는 마치 하나의 공동체처럼 여러 인간이 총체적으로, 혹은 차라리 한 인간의 육체가 받듯이 원조로부터 인간적 본성을 받았다고 여겨야 한다. 그리고 이와 같은 여러 인간과 관련하여 우리는 각각의 인간(심지어 아담 자신조차도)을 개별 인간 혹은 한 인간으로부터 출생을 통해 여러 인간의 구성원 중 하나로 여겨야 한다(*De malo*, q.4, a.8).

18. q.17, a.9.

peccatum quod ab anima derivatur ad membra corporis, dicitur actuale. Et sicut peccatum actuale quod per membrum aliquod committitur, non est peccatum illius membri nisi inquantum illud membrum est aliquid ipsius hominis, propter quod vocatur peccatum humanum; ita peccatum originale non est peccatum huius personae, nisi inquantum haec persona recipit naturam a primo parente. Unde et vocatur peccatum naturae; secundum illud *Ephes.* 2, [3]: *Eramus natura filii irae.*[19]

AD PRIMUM ergo dicendum quod filius dicitur non portare peccatum patris, quia non punitur pro peccato patris, nisi sit particeps culpae.[20] Et sic est in proposito, derivatur enim per originem culpa a patre in filium, sicut et peccatum actuale per imitationem.

AD SECUNDUM dicendum quod, etsi anima non traducatur, quia virtus seminis non potest causare animam rationalem; movet tamen ad ipsam dispositive.[21] Unde per virtutem seminis traducitur humana natura a parente in prolem, et simul cum natura naturae infectio, ex hoc enim fit iste qui nascitur consors culpae primi parentis, quod naturam ab eo sortitur per quandam generativam motionem.

---

19. 에페 2,3의 내용인 "우리도 본디 다른 사람들과 마찬가지로 하느님의 진노를 살 수밖에 없었습니다."를 원문의 내용에 따라 수정함. 이 논의에 대해서는: Cf. q.82, a.1 ad2; I, q.100, a.1; III, q.8, a.5, ad1.

다. 또한 만일 어떤 지체가 이 인간의 [일부]라는 이유 때문이 아니라면 육체의 지체에 의한 본죄는 그 지체의 죄가 아니며 어떤 인간의 죄가 된다. 마찬가지로 만일 이 인격이 본성을 원조로부터 받는다는 한에서가 아니라면 원죄는 그 인격의 것이 아니었을 것이다. 그러므로 [이 죄를] "우리도 본성상 다른 사람들과 마찬가지로 [하느님의] 진노의 자식들이었습니다."[19]라고 말하는 에페소서에 따라 본성의 죄(peccatum naturae)라 일컫는다.

[해답] 1. 자식이 아버지의 죄과에 [공범으로] 참여하지 않는 한, 아버지의 죄로 벌을 받지 않기 때문에 자식은 아버지의 죗값을 짊어지지 않는다고 말해야 한다.[20] 그런데 우리가 직면한 문제는 바로 여기에 해당한다. 왜냐하면 본죄가 모방을 통해 이루어지듯이, 죄과는 그 기원을 통해 아버지로부터 아들에게 유래되기 때문이다.

2. 정액의 힘이 이성혼의 원인이 될 수 없기에 영혼은 전해지지 않는다. 다만 [정액은] 그것[영혼]에 대한 태세로서 운동한다.[21] 그래서 정액의 힘으로 인간의 본성은 부모에게서 아이에게로 전해지며, 동시에 본성과 함께 본성의 오염도 전해진다. 왜냐하면 태어난 자는 출생이라는 모종의 운동을 통해 원조의 본성을 공유하게 되어 원조의 죄과를 함께 나누기 때문이다.

---

20. Art. sq. ad1; q.87, a.8.
21. Cf. I, q.118, a.2.

AD TERTIUM dicendum quod, etsi culpa non sit actu in semine, est tamen ibi virtute humana natura, quam concomitatur talis culpa.

AD QUARTUM dicendum quod semen est principium generationis, quae est proprius actus naturae, eius propagationi deserviens. Et ideo magis inficitur anima per semen quam per carnem iam perfectam, quae iam determinata est ad personam.

AD QUINTUM dicendum quod illud quod est per originem, non est increpabile, si consideretur iste qui nascitur secundum se. Sed si consideretur prout refertur ad aliquod principium, sic potest esse ei increpabile, sicut aliquis qui nascitur patitur ignominiam generis ex culpa alicuius progenitorum causatam.

Articulus 2
Utrum etiam alia peccata primi parentis, vel proximorum parentum, traducantur in posteros

Ad secundum sic proceditur. Videtur quod etiam alia peccata vel ipsius primi parentis, vel proximorum parentum, traducantur in posteros.

3. 설령 죄과가 정액 안에 현실태로 존재하지 않는다고 하더라도, 그런 죄과를 수반하는 인간의 본성에 의해서 그 안에 잠재적으로 존재한다.

4. 정액은, 본성을 번성(propagatio)하게 만드는 고유 행위인 출산의 원리이다. 그래서 영혼은, 이미 어느 특정인에게 지정된 이미 완성된 어떤 육(肉)에 의해서보다 정액에 의해서 더 오염된다.

5. 태어난 한 인간을 그 자체로 고찰할 경우, 그가 출생을 통해 지니고 있는 것을 탓할 수는 없다. 그러나 어떤 원리와의 연관 속에서 고찰한다면, 마치 조상 가운데 어느 하나의 죄과로 인해, 태어난 가문의 치욕을 감당하는 사람의 경우처럼, 그에게 탓이 돌아갈 수도 있다.

제2절 원조 혹은 가까운 조상의 다른 죄도 후손에게 전해지는가?

Parall.: *In Sent.*, II, d.33, q.1, a.1; *ScG*, IV, 52; *De malo*, q.4, a.8; *Compend. Theol.*, c.196; *In Ep. ad Rom.*, c.5, lec.3.

Doctr. Eccl.: DS 790[=DH 1513]; DS 1052[=DH 1952] 이하.

[반론] 둘째에 대해서는 다음과 같이 진행된다. 원조 혹은 가까운 조상의 다른 죄도 후손에게 전해지는 것처럼 보인다.

1. Poena enim nunquam debetur nisi culpae. Sed aliqui puniuntur iudicio divino pro peccato proximorum parentum; secundum illud *Exod.* 20, [5]: *Ego sum Deus Zelotes, visitans iniquitatem patrum in filios, in tertiam et quartam generationem.* Iudicio etiam humano, in crimine laesae maiestatis, filii exheredantur pro peccato parentum. Ergo etiam culpa proximorum parentum transit ad posteros.

2. Praeterea, magis potest transferre in alterum id quod habet aliquis a seipso, quam id quod habet ex alio, sicut ignis magis potest calefacere quam aqua calefacta, sed homo transfert in prolem per originem peccatum quod habet ab Adam. Ergo multo magis peccatum quod ipse commisit.

3. Praeterea, ideo contrahimus a primo parente peccatum originale, quia in eo fuimus sicut in principio naturae, quam ipse corrupit. Sed similiter fuimus in proximis parentibus sicut in quibusdam principiis naturae, quae etsi sit corrupta, potest adhuc magis corrumpi per peccatum, secundum illud *Apoc.* ult. [11]: *Qui in sordibus est, sordescat adhuc.* Ergo filii contrahunt peccata proximorum parentum per originem, sicut et primi parentis.

SED CONTRA, bonum est magis diffusivum sui quam malum. Sed merita proximorum parentum non traducuntur ad posteros. Ergo multo minus peccata.

1. 죄과가 없이는 결코 처벌받지 않는다. 그런데 탈출기 20장 [5절], 즉 "나는 질투하는 하느님이다. … 조상들의 죄악을 삼 대 사 대 자손들에게까지 갚는다."에 따르면 어떤 사람은 가까운 조상의 죄로 하느님의 판결에 따라 벌을 받는다. 나아가 인간의 판결에서도 반역죄(crimina maiestatis)에 대해 부모의 죄에 따라 자식들의 상속권을 박탈한다. 따라서 가까운 조상의 죄과는 후손에게 전해진다.

2. 마치 불이 뜨거운 물보다 더 잘 데울 수 있는 것처럼, 인간은 저 스스로 갖게 된 것을 다른 것에 의해 갖게 된 것보다 타인에게 더 잘 전해 줄 수 있다. 그런데 인간은 출생을 통해 후손에게 아담에 의해 갖게 된 죄를 전해 준다. 그러므로 자신이 지은 죄를 훨씬 더 잘 전해 준다.

3. 죄가 원조로부터 우리에게 옮아온(contrahere) 까닭은 우리가 그 [원조] 안에 마치 그가 타락시킨 [우리] 본성의 원리 안에 있는 것처럼 있었기 때문이다. 그런데 마찬가지로 우리는 가까운 조상 안에, 요한묵시록 마지막 장[묵시 22,11]의 "더러운 자는 계속 더러운 채로 있어라."라는 구절에 따라 이미 타락하였고 죄로 인해 더 타락할 수도 있는 [우리] 본성의 어떤 원리들 안에 있듯이 있었다.

[재반론] 선은 악보다 훨씬 더 확산적이다. 그런데 가까운 조상의 공로(meritum)는 그들의 후손에게 전해지지 않는다. 그러므로 그들의 죄는 훨씬 덜 [전해질] 것이다.

RESPONDEO dicendum quod Augustinus hanc quaestionem movet in *Enchiridio*,[1] et insolutam relinquit. Sed si quis diligenter attendit, impossibile est quod aliqua peccata proximorum parentum, vel etiam primi parentis praeter primum, per originem traducantur. Cuius ratio est quia homo generat sibi idem in specie, non autem secundum individuum. Et ideo ea quae directe pertinent ad individuum, sicut personales actus et quae ad eos pertinent, non traducuntur a parentibus in filios, non enim grammaticus traducit in filium scientiam grammaticae, quam proprio studio acquisivit. Sed ea quae pertinent ad naturam speciei, traducuntur a parentibus in filios, nisi sit defectus naturae, sicut oculatus generat oculatum, nisi natura deficiat. Et si natura sit fortis, etiam aliqua accidentia individualia propagantur in filios, pertinentia ad dispositionem naturae, sicut velocitas corporis, bonitas ingenii, et alia huiusmodi, nullo autem modo ea quae sunt pure personalia, ut dictum est.

Sicut autem ad personam pertinet aliquid secundum seipsam, et aliquid ex dono gratiae; ita etiam ad naturam potest aliquid pertinere secundum seipsam, scilicet quod causatur ex principiis eius, et aliquid ex dono gratiae. Et hoc modo iustitia originalis, sicut in Primo[2] dictum est, erat quoddam donum gratiae toti humanae naturae divinitus collatum in primo parente. Quod quidem primus homo amisit per primum peccatum. Unde sicut

[답변] 아우구스티누스가 이 문제를 『믿음과 희망, 그리고 참사랑에 대한 안내서』[제13장 제46-47절]에서 제기했으며[1] 풀지 않은 채 남겨 두었음을 말해야 한다. 그런데 누구라도 [이 문제에] 진중하게 주의를 기울인다면, 가까운 조상의 죄 혹은 원조의 최초의 죄를 제외한 여타의 죄들이 출생을 통해 전해지는 것이 불가능하다[는 것을 알게 될 것이다]. 인간은 종적으로는 자신과 동일한 자를 낳지만, 개별적으로는 그렇지 않은 것이 그 까닭이다. 그래서 [개별] 인격(人格)의 행위와 이에 속하는 것들처럼 직접적으로 개별자에게 속하는 것들은 부모로부터 후손에게 전해지지 않는다. 그래서 문법학자가 공부하여 얻은 문법에 대한 지식은 자식에게 전해지지 않는다. 그런데 종적 본성과 관련된 것들은 본성에 결함이 없는 이상 눈을 가진 [부모]가 눈을 가진 [후손]을 낳듯 부모들에 의해 자식들에게 전해진다. 그런데 본성이 강력하면 육체의 민첩성과 천품의 선성과 같은, 개별자의 본성의 태세에 속하는 우유까지 후손에게 전달되기도 한다. 하지만 순수 인격적인 것들은 앞서 말한 것처럼 결코 그렇지 않다. 그런데 한 인격에게도 그 자체로 인격에 속할 수 있는 것이 있을 수 있고, 또한 선물로 그에게 속할 수 있는 것이 있는 것처럼, 본성에게도 그 본성에 그 자체로 속하는 어떤 것, 즉 이른바 본성의 원리들이 원인이 되어 속하게 되는 것과 선물이 원인이 되어 속하게 되는 것이 있을 수 있다. 이런 의미에서 원초적 정의(iustitia originalis)는 제1부[2]에서 언급했듯 원조 안에 [있는] 인간 본성 전체에 하느님으로부터 받은 선물이다. 원조는 이 선물마저 최초의 죄로 잃었다. 그래서

---

1. Augustinus, *Enchiridion de fide, spe et caritate*, E. Evans(ed.), Turnhout, Brepols, 1969, cap.13, 46-47.
2. I, q.100, a.1.

illa originalis iustitia traducta fuisset in posteros simul cum natura, ita etiam inordinatio opposita.—Sed alia peccata actualia vel primi parentis vel aliorum, non corrumpunt naturam quantum ad id quod naturae est; sed solum quantum ad id quod personae est, idest secundum pronitatem ad actum. Unde alia peccata non traducuntur.[3]

AD PRIMUM ergo dicendum quod poena spirituali, sicut Augustinus dicit in epistola *ad Avitum*,[4] nunquam puniuntur filii pro parentibus, nisi communicent in culpa, vel per originem vel per imitationem, quia omnes animae immediate sunt Dei, ut dicitur Ezech. 18, [4]I.[5] Sed poena corporali interdum, iudicio divino vel humano, puniuntur filii pro parentibus, inquantum filius est aliquid patris secundum corpus.[6]

AD SECUNDUM dicendum quod illud quod habet aliquis ex se, magis potest traducere, dummodo sit traducibile. Sed peccata actualia proximorum parentum non sunt traducibilia, quia sunt pure personalia, ut dictum est.[7]

---

3. (*추가주) 다른 본죄는 그것이 원조 자신의 것이든 다른 조상의 것이든 누군가에게 가장 거룩한 분이 내려 준 은총이라는 선물과 오직 그의 인격이라는 견지에서만 상충한다. 더욱이 이 은총이라는 선물의 힘은 오로지 이성적 영혼 안에만 거하기에 '그 힘은' 이런 유형의 은총으로 육체의 가멸성 혹은 타락가능성(curruptibilitas)도 제거하도록 육체로 전해지지 않는다. 그래서 은총 자체는 물론, 심지어 아담을 포함한 어떤 조상의 본죄도 첫 죄[원죄]를 제외하고는 후대에 출생의 방식으로 후손에게 전해지지 않는다. 한편 가까운 조상의 본죄는 자손에게 자손이 그들[=조상] 곁에서 늘 함께 영위하는 삶(conversatio assidua)으로 인해 모방을 통해 전해질 수 있다.(*De malo*, q.4, a.8 c)

원초적 정의가 본성과 더불어 후손에게 전해졌어야 했던 것처럼, 그것의 혼란 상태가 전해졌다.—그렇지만 원조의 것이든 다른 조상의 것이든 여타 본죄는 본성으로서의 본성을 타락시키지 않으며, 죄를 향한 성향과 관련하여 그 인격의 본성만을 타락시킨다. 그래서 결론적으로 다른 죄는 [조상으로부터 후손에게] 전해지지 않는다.[3]

[해답] 1. 『아비투스에게 보낸 서간』[4]에서 아우구스티누스가 언급했듯, 아이들은 출생을 통해서든 모방에 의해서든 [부모가 지은] 죄과에 한몫을 차지하지 않는다면, 부모로 인해 영적 형벌을 받지 않는다고 말해야 한다. 왜냐하면 에제키엘서 18장 [4절][5]에 나오듯 모든 영혼은 하느님께 직접 속하는 것이기 때문이다. 하지만 아이는 그의 몸과 관련하여 아버지의 일부인 이상, 종종 하느님 혹은 인간의 판결에 따라 아이가 부모로 인해 체벌을 받기도 한다.[6]

2. 전해질 수 있는 것일 경우 인간은 저 스스로 갖게 된 것을 더 잘 전해 줄 수 있다. 그런데 가까운 조상이 지은 본죄는 전해질 수 없는 것이다. 왜냐하면 앞서 언급했듯 본죄는 순수하게 인격적인 것[7]이기 때문이다.

---

4. *Ep ad Avitum* (*ad Auxilium*), 250(PL 33 1066).
5. (역주) 에제 18,4: "보아라, 모든 목숨은 나의 것이다. 아버지의 목숨도 자식의 목숨도 나의 것이다." 한편 토마스가 집필 당시에 참조했던 대중 라틴말 성경(*Biblia Sacra Vulgata*, Stuttgart, Deutsche Bibelgesellschaft, 1994[4a ed.])은 "보아라. 모든 영혼은 나의 것이다. 그래서 아버지의 영혼도 자식의 영혼도 다 나의 것이다(ecce omnes animae meae sunt ut anima patris ita et anima filii mea est)."로 새기고 있다.
6. 앞 절의 해답 1-2 참조.
7. 그 행위를 한 인격에게 속하게 하는 것.

q.81, a.3

AD TERTIUM dicendum quod primum peccatum corrumpit naturam humanam corruptione ad naturam pertinente, alia vero peccata corrumpunt eam corruptione pertinente ad solam personam.[8]

Articulus 3
Utrum peccatum primi parentis transeat per originem in omnes homines

Ad tertium sic proceditur. Videtur quod peccatum primi parentis non transeat per originem in omnes homines.

1. Mors enim est poena consequens originale peccatum. Sed non omnes qui procedunt seminaliter ex Adam, morientur, illi enim qui vivi reperientur in adventu domini, nunquam morientur, ut videtur per quod dicitur *I Thessal.* 4, [15]: *Nos qui vivimus, non praeveniemus in adventu domini eos qui dormierunt.*[1] Ergo illi non contrahunt originale peccatum.

2. Praeterea, nullus dat alteri quod ipse non habet. Sed homo baptizatus non habet peccatum originale. Ergo non traducit ipsum in prolem.

---

8. 본질의 "답변" 참조. 최초의 죄는 인간을 본성적으로 타락시킨 본성적 타락을 야기하지만, 다른 죄들은 인간의 인격적 타락을 야기한다.

3. 최초의 죄는 본성과 관련된 부패로 인간 본성을 부패시키고, 다른 죄는 오로지 인격과 관련된 부패로만 부패시킨다.[8]

제3절 원조의 죄는 모든 인간에게 출생을 통해 전해지는가?

Parall.: III, q.27, a.2; q.31, a.8; *In Sent.*, II, d.30, q.1, a.2; d.31, q.1, a.2; III, d.3, q.4, a.3, qc.1; IV, d.43, a.4, qc.1; *ScG*, IV, 50-52, 83; *De malo*, q.4, a.6; *Quodlib.*, VI, q.5, a.1; *In Psalm.* 50; *In Ep. ad Rom.*, c.5, lec.3.

[반론] 셋째에 대해서는 다음과 같이 진행된다. 원조의 죄는 모든 인간에게 출생을 통해 전해지지 않는 것처럼 보인다.

1. 죽음은 원죄에 따르는 벌이다. 그런데 아담의 정액을 통해 산출된 모든 이들이 다 죽는 것은 아니다. 테살로니카 1서 4장 [15절]에서 "주님의 재림 때까지 남아 있게 될 우리 산 이들이 잠든 이들보다 앞서지는 않을 것입니다."[1]라고 말했듯 우리 주가 오실 때 여전히 살아 있을 인간들은 결코 죽지 않을 것이기 때문이다. 그러므로 그들은 원죄를 걸머지지(contrahere) 않는다.

2. 누구도 그 자신이 갖지 않은 것을 다른 이에게 내어 주지 않는다. 그런데 세례를 받은 사람은 원죄를 갖고 있지 않다. 따라서 그는 그의 후손에게 원죄를 전해 주지 않는다.

---

1. 대중 라틴말 성경의 구절은 다음과 같다: "Nos qui vivimus, qui residui sumus in adventum Domini non praeveniemus eos qui dormierunt."

3. Praeterea, donum Christi est maius quam peccatum Adae, ut Apostolus dicit, *Rom.* 5, [15sqq.].[2] Sed donum Christi non transit in omnes homines. Ergo nec peccatum Adae.

Sᴇᴅ ᴄᴏɴᴛʀᴀ est quod Apostolus dicit, Rom. 5, [12]: *Mors in omnes pertransiit, in quo omnes peccaverunt.*

Rᴇsᴘᴏɴᴅᴇᴏ dicendum quod secundum fidem Catholicam firmiter est tenendum quod omnes homines, praeter solum Christum,[3] ex Adam derivati, peccatum originale ex eo contrahunt, alioquin non omnes indigerent redemptione quae est per Christum; quod est erroneum. Ratio autem sumi potest ex hoc quod supra[4] dictum est, quod sic ex peccato primi parentis traducitur culpa originalis in posteros, sicut a voluntate animae per motionem membrorum traducitur peccatum actuale ad membra corporis. Manifestum est autem quod peccatum actuale traduci potest ad omnia membra quae nata sunt moveri a voluntate. Unde et culpa originalis traducitur ad omnes illos qui moventur ab Adam motione generationis.[5]

---

2. 로마 5,15-17: "그 한 사람의 범죄로 많은 사람이 죽었지만, 하느님의 은총과 예수 그리스도 한 사람의 은혜로운 선물은 많은 사람에게 충만히 내렸습니다. … 사실 그 한 사람의 범죄로 그 한 사람을 통하여 죽음이 지배하게 되었지만, 은총과 의로움의 선물을 충분히 받은 이들은 예수 그리스도 한 분을 통하여 생명을 누리며 지배할 것입니다."
3. 복되신 동정녀 마리아께도 가톨릭 신앙에 따르면 원죄를 짊어지지 않으신다. 이에 대해서는: Cf. DS 1641[DH=2803-2804]. 한편 마리에티판 편집자들은 성 토마

3. 사도가 선포했듯² 그리스도의 선물은 아담의 죄보다 더 크다. 그런데 그리스도의 선물은 모든 사람들에게 전해지지 않는다. 그러므로 마찬가지로 아담의 죄도 [모든 사람들에게 전해지지] 않는다.

[재반론] 사도는 "모두 죄를 지었으므로 모든 사람에게 죽음이 미치게 되었습니다."라고 말한다.

[답변] 가톨릭 신앙에 따라 오직 그리스도를 제외한 아담의 후손인 모든 인간들은 원죄를 걸머진다³는 입장을 굳건하게 고수해야 한다. 그렇지 않다면 모든 사람이 그리스도를 통한 구속(救贖)을 필요로 하지는 않을 것인데 이는 오류다. 이에 대한 근거는 앞에서⁴ 언급한 것으로부터 가져올 수 있다. 즉 이런 식으로, 의지가 지체를 움직임으로써 본죄가 영혼의 의지로부터 육체의 지체로 전해지듯, 원 죄과는 원조의 죄 탓으로 그의 후손에게 전해진다. 그런데 본죄는 의지에 의해 움직이도록 타고난 모든 지체로 전해지는 것이 분명하다. 따라서 원죄는 아담에 의해 출생(generatio)이라는 운동을 통해 움직여지는 모든 사람들에게 전해진다.⁵

스 아퀴나스도 이와 같은 입장을 가졌다고 주장하지만 논란의 여지는 남아있다.
4. 제1절.
5. (*추가주) 세례를 받는 사람들은 영세를 통해 영적으로 거듭난다. 한편 육체는 죄라는 구태의 기체(subiectum)로 남는다. … 인간은 육신의 생성을 통해 영적으로 태어나는 것이 아니라 육적으로만 태어나는 것이다. 그래서 세례를 받은 사람들의 자손들은 원죄와 함께 태어난다. 따라서 세례를 받을 필요가 있다.(III q.68, a.1, ad2) "한 인간의 부분들이 의지의 명령에 의해 움직이듯 자식은 아버지에 의해 생식능력에 의해 생겨난다. … 그러므로 원조로부터 비롯된 이런 운동은 애초에 그로부터 나온 모든 이들에게 전해진다."(De malo, q.4, a.6.)

q.81, a.3

AD PRIMUM ergo dicendum quod probabilius et communius tenetur quod omnes illi qui in adventu domini reperientur, morientur, et post modicum resurgent, ut in Tertio plenius dicetur.[6]—Si tamen hoc verum sit quod alii dicunt, quod illi nunquam morientur, sicut Hieronymus narrat diversorum opiniones in quadam epistola *ad Minerium, de Resurrectione carnis*;[7] dicendum est ad argumentum, quod illi etsi non moriantur, est tamen in eis reatus mortis, sed poena aufertur a Deo, qui etiam peccatorum actualium poenas condonare potest.

AD SECUNDUM dicendum quod peccatum originale per Baptismum aufertur reatu, inquantum anima recuperat gratiam quantum ad mentem. Remanet tamen peccatum originale actu quantum ad fomitem, qui est inordinatio inferiorum partium animae et ipsius corporis,[8] secundum quod homo generat, et non secundum mentem. Et ideo baptizati traducunt peccatum originale, non enim generant inquantum sunt renovati per Baptismum, sed inquantum retinent adhuc aliquid de vetustate primi peccati.[9]

---

6. III, q.78, a.1, ad1.
7. *Ep.* 109, in PL 22, 971.
8. q.74, a.3, ad2; q.89, a.5, ad5 참조. (*추가주) 한 인간의 부분들이 의지의 명령에 의해 움직이듯 자식은 아버지에 의해 생식능력에 의해 생겨난다 그래서 아리스토텔레스도 『자연학』에서 말하기를 아이를 잉태시키는 정액이 자손의 원인이 되며 『동물발생론』이라는 그의 작품에서 정액이 태어날 자의 형상을 받아들이도록 질료를 예비하는 잉태시키는 자[=아버지]의 영혼으로부터 인과적 힘을 얻는다고 말

[해답] 1. 더 개연적이고 일반적인 주장은 주님께서 재림하실 때 있게 될 모든 이들이 죽었다가 곧 다시 부활하리라는 것인데, 이에 대해서는 본서의 제3부[6]에서 더 면밀히 언급할 것이다.—설령 다른 이들이 말하듯이 히에로니무스가 미네리우스에게 보낸 서간 중 육신의 부활에 관한 서간[7]에서 거론한 것처럼, 그들이 죽지 않는다는 것이 참이라 할지라도, 그들에게는 죽음이라는 죄책(罪責)이 존재한다. 그러나 본죄에 따른 벌도 용서하실 수 있는 하느님이기에 [죽음의] 벌을 면해 준다고 반론에 대해 답해야 한다.

2. 원죄는 죄책에 관한 한 세례를 통해 사라지며, 그런 만큼 영혼이 정신(mens)과 관련하여 은총을 회복한다고 말해야 한다. 그럼에도 원죄는 불쏘시개로, 곧 영혼과 육체 자체의 열등한 부분들이 갖는 무질서 속에 불쏘시개로 남아 있다.[8] 그런데 인간은 정신이 아니라 육체에 따라 출산을 한다. 이런 연유로 세례를 받은 사람도 세례로 새로워진 자로서가 아니라, 최초의 죄의 구태(舊態, vetustas)가 남은 자로서 출산하기에 원죄를 전해 주는 것이다.[9]

한다. 그러므로 원조로부터 비롯된 출생을 통한 이런 유형의 운동은 애초에 그의 정액으로부터 나온 모든 이들에게 전해진다. 그리고 이런 식으로 그의 정액으로부터 나온 모든 이들은 그가 지은 원죄에 붙들린다.(*De malo*, q.4, a.6)

9. (*추가주) 모종의 원죄인 욕망은 욕망의 무질서한 운동에 동의할 필연성을 의미하는 것이 아니다. 오히려 원죄의 일부로서 욕망은 이런 무질서한 운동을 느끼게 되는 필연성을 의미한다. 이 무질서한 운동은 영세 이후에도 남아 있지만, 원초적 정의(이에 따라 죄책이 존재한다.)의 결여와 함께 남아 있는 것은 아니다. 이런 까닭에 행위[의 결과]와 관련하여 원죄는 남지만, 그 죄책은 면한다고 말한다(*De malo*, q.4, a.2, ad10); 원죄는 죄책과 관련해서는 면하게 되지만, 행위와 관련해서는 남는다. 한편 모든 본죄와 관련하여 행위가 그쳐도 죄책은 남는다.(이에 대해서는: Cf. q.87 a.6.)

AD TERTIUM dicendum quod, sicut peccatum Adae traducitur in omnes qui ab Adam corporaliter generantur, ita gratia Christi traducitur in omnes qui ab eo spiritualiter generantur per fidem et Baptismum, et non solum ad removendam culpam primi parentis, sed etiam ad removendum peccata actualia, et ad introducendum in gloriam.[10]

Articulus 4
Utrum, si aliquis ex humana carne formaretur miraculose, contraheret originale peccatum

Ad quartum sic proceditur. Videtur quod, si aliquis formaretur ex carne[1] humana miraculose, contraheret originale peccatum.

1. Dicit enim quaedam Glossa[2] *Gen.* 4, [1], quod *in lumbis Adae fuit tota posteritas corrupta, quia non est separata prius in loco vitae, sed postea in loco exilii.* Sed si aliquis homo sic formaretur sicut dictum est, caro eius separaretur in loco exilii. Ergo contraheret originale peccatum.

---

10. q.85, a.5, ad2.

1. 본서에서 "caro"의 역어는 육체의 재료를 뜻하는 맥락에서는 "살"로, 그리고 영혼과 대비시키는 맥락에서는 "육신"으로 새긴다.
2. Ord. ex Aug. *De gen. ad litt.*, IX, c.4: PL 34, 396. ed. Joseph, Vienna. "lumbus"는 1차적으로 "허리"라는 뜻을 갖는다. 그리고 성욕의 자리로서 생식기관을 지칭하

3. 아담의 죄가 아담으로부터 육체적으로 태어난 모든 사람들에게 전해지듯, 그리스도의 은총도 신앙과 세례로써 그로부터 영적으로 태어난 모든 이에게 전해진다. 그래서 [그리스도의 은총은] 원조의 죄는 물론, 본죄마저 제거하여 영광으로 인도한다.[10]

제4절 기적적으로 인간의 살로 빚어진 인간도 원죄를 걸머지는 것인가?

Parall.: *In Sent.*, II, d.31, q.1, a.2, ad3; d.33, q.1, a.1, ad5; III, d.2, q.1, a.2, qc.2, ad2; *De malo*, q.4, a.7.

Doctr. Eccl.: 트리엔트공의회 제6회기, 제3장, DS 795[=DH 1523] 참조.

[반론] 넷째는 다음과 같이 진행된다. 만약 누군가 기적적으로 인간의 살(caro)[1]로 빚어진다면 원죄를 짊어지게 될 것이다.

1. 창세기 4장에 대한 어떤 주석[2]에서 "아담의 후손 모두는 아담의 몸속에서(in lumbis) 타락했다고 말하는데, 그들[아담의 후손들]이 그[아담]가 생명의 장소에서가 아니라 추방된 장소로 떨어져 나왔기 때문이다."라고 말한다. 그런데 언급한 바처럼 이런 식으로 누군가를 빚는다면, 그의 살은 추방된 곳으로 떨어져 나온 것이므로, 그는 원죄를 짊어지게 될 것이다.

기도 한다. 본서에서 "in lumbis"의 번역은 히브 7,10의 "멜키체덱이 아브라함을 만났을 때 레위가 자기 조상의 몸속(in lumbis patris)에 있었기 때문이다."와 창세 35,11의 "네 몸에서(de lumbis tui) 임금들이 나올 것이다."를 참조하였다.

q.81, a.4

2. Praeterea, peccatum originale causatur in nobis inquantum anima inficitur ex carne. Sed caro tota hominis est infecta. Ergo ex quacumque parte carnis homo formaretur, anima eius inficeretur infectione originalis peccati.

3. Praeterea, peccatum originale a primo parente pervenit in omnes, inquantum omnes in eo peccante fuerunt. Sed illi qui ex carne humana formarentur, in Adam fuissent. Ergo peccatum originale contraherent.

SED CONTRA est quia non fuissent in Adam *secundum seminalem*³ *rationem*; quod solum causat traductionem peccati originalis, ut Augustinus dicit, X *super Gen. ad litt.*⁴

RESPONDEO dicendum quod, sicut iam⁵ dictum est, peccatum originale a primo parente traducitur in posteros, inquantum moventur ab ipso per generationem, sicut membra moventur ab anima ad peccatum actuale. Non autem est motio ad generationem nisi per virtutem activam in generatione. Unde illi soli peccatum originale contrahunt, qui ab Adam descendunt per virtutem activam in generatione originaliter ab Adam derivatam, quod est secundum seminalem rationem ab eo descendere, nam

---

3. 혹은 causalem. Cf. I, q.115, a.2, ad4. 여기서 말하는 '종자적 원리'는 아우구스티누스의 용어로서, 그로부터 사물들의 모든 완전성과 구별들이 발전되어 나오는, 하느님의 모든 피조물 안에 포함되어 있는 능력들을 가리킨다. 이 용어에 대한 보

2. 영혼이 살로 말미암아 오염되는 이상 우리 안에 원죄가 야기된다. 그러나 인간의 살은 전체가 오염되어 있다. 그러므로 살의 어떤 부분으로부터 인간이 만들어졌든 그의 영혼은 원죄의 오염으로 물들어 있을 것이다.

3. 원조가 죄를 지을 때 모든 이들이 원조[의 몸] 속에 있었기 때문에 원죄는 원조로부터 모든 사람에게 전해진다. 그런데 인간의 살로 만들어질 이들은 아담 안에 있었을 것이다. 따라서 그들은 원죄를 걸머질 것이다.

[재반론] 하지만 그렇지 않다. 왜냐하면 아우구스티누스가 『창세기에 관한 글자적 주해』 제10권에서[4] 말하는 것처럼, 원죄를 전하는 유일한 원인인 '종자적 원리'(seminale ratio)[3]에 의해 그들이 아담 안에 있었던 것이 아니기 때문이다.

[답변] 앞에서도 언급한 것처럼,[5] 마치 지체들이 영혼에 의해서 본죄로 움직여지듯이, 원죄는 출산을 통해 원조에 의해 산출되는(movere) 한에서, 원조로부터 후손에게 전해진 것이다. 그런데 출산을 위한 운동은 오로지 능동적인 출산력(virtus activa in generatione)을 통해서만 존재한다. 그렇기에 아담에게 기원을 둔 능동적 출산력을 통해 아담으로부터 나온 자들만이 원죄를 짊어진다. 이것이 바로 '종자적 원리에 따라' 그[아담]로부터 나온다는 뜻이다. 왜냐하면 종자적

다 상세한 성 토마스의 설명을 보기 위해서는, 아담을 모든 후손들이 흘러나오게 되는 원천으로 묘사하고 있는 제1부 제115문 제2절을 참조하라.
4. 10,18-20.
5. 1-3절.

ratio seminalis nihil aliud est quam vis activa in generatione.⁶ Si autem aliquis formaretur virtute divina ex carne humana, manifestum est quod vis activa non derivaretur ab Adam. Unde non contraheret peccatum originale, sicut nec actus manus pertineret ad peccatum humanum, si manus non moveretur a voluntate hominis, sed ab aliquo extrinseco movente.

AD PRIMUM ergo dicendum quod Adam non fuit in loco exilii nisi post peccatum. Unde non propter locum exilii, sed propter peccatum, traducitur originalis culpa ad eos ad quos activa eius generatio pervenit.

AD SECUNDUM dicendum quod caro non inficit animam nisi inquantum est principium activum in generatione, ut dictum est.⁷

AD TERTIUM dicendum quod ille qui formaretur ex carne humana, fuisset in Adam *secundum corpulentam substantiam*; sed non secundum seminalem rationem, ut dictum est.⁸ Et ideo non contraheret originale peccatum.

---

6. Cf. Ia, q.115 a.2

원리란 다름 아닌 능동적 출산력이기 때문이다.[6] 그러나 만약 하느님의 힘으로 누군가를 인간의 살로 빚었다면 그 능동적인 힘은 아담으로부터 전해진 것이 아님은 분명하다. 그러므로 마치 인간의 의지가 아니라 다른 외적 원동자에 의해 손이 움직여졌을 경우, 그 손의 행위가 인간의 죄에 연관되지 않는 것처럼 [그런 인간은] 원죄를 걸머지지 않을 것이다.

[해답] 1. 아담은 죄를 지은 이후에만 추방된 곳에 있었다고 말해야 한다. 그러므로 추방된 곳 때문이 아니라 죄 때문에 그의 능동적인 출산력이 미치는 모든 사람들에게 원죄가 전해진 것이다.

2. 앞서 언급했듯이,[7] 출산과 연관된 능동적 힘이 아니라면 살은 영혼을 오염으로 물들이지 않는다고 말해야 한다.

3. 앞에서도 언급했듯이[8] 인간의 살로 빚어진 이는 육체적 실체에 따라 아담 안에 있을 터이지만 종자적 원리에 의한 것은 아니라고 말해야 한다. 그래서 이런 까닭에 원죄를 걸머지지 않는다.

---

7. 본 절의 '답변' 참조.
8. 같은 곳 참조.

Articulus 5
Utrum, si Adam non peccasset, Eva peccante, filii originale peccatum contraherent

Ad quintum sic proceditur. Videtur quod, si Adam non peccasset, Eva peccante, filii originale peccatum contraherent.

1. Peccatum enim originale a parentibus contrahimus, inquantum in eis fuimus, secundum illud Apostoli, *Rom.* 5,[1] [12]: *In quo omnes peccaverunt.* Sed sicut homo praeexistit in patre suo, ita in matre. Ergo ex peccato matris homo peccatum originale contraheret, sicut et ex peccato patris.

2. Praeterea, si Eva peccasset, Adam non peccante, filii passibiles et mortales nascerentur, *mater* enim *dat materiam in generatione,* ut dicit Philosophus, in II *de Generat. Animal.*;[2] mors autem, et omnis passibilitas, provenit ex necessitate materiae. Sed passibilitas et necessitas moriendi sunt poena peccati originalis. Ergo, si Eva peccasset, Adam non peccante, filii contraherent originale peccatum.

3. Praeterea, Damascenus dicit, in libro III,[3] quod *Spiritus Sanctus praevenit in virginem,* de qua Christus erat absque

---

1. 로마 5,12. 대중 라틴말 성경의 구절인 "in quo omnes peccarunt"를 본 논의의 맥락에 따라 새겼다. 우리말 성경은 "이렇게(한 사람을 통하여, per unum hominem) 모두 죄를 지었으므로"로 새긴다.

제5절 설령 아담이 아니라 하와가 죄를 지었더라도 후손들이 원죄를 걸머질 것인가?

Parall.: *In Sent.*, II, d.31, q.1, a.2, ad4; IV, d.1, q.2, a.2, qc.12, ad1; *De malo*, q.4, a.7, ad4-5; *In Ep. ad Rom.*, c.5, lec.3; *In Ep. I ad Cor.*, c.15, lec.3.

[반론] 다섯째는 다음과 같이 진행된다. 설령 아담이 아니라 하와가 죄를 지었더라도 후손들이 원죄를 걸머지게 되었을 것으로 보인다.

1. 로마서 5장 [12절][1]에서 사도가 "한 사람[아담] 안에서 모두 죄를 지었으므로"라고 말하듯이, 우리는 원죄를 조상들로부터 걸머진다. 그런데 인간은 아버지의 몸속에는 물론 어머니의 몸속에도 선재(先在)했다. 그러므로 인간은 아버지[아담]의 죄를 걸머지듯 어머니[하와]의 죄로부터도 원죄를 걸머진다.

2. 철학자가 『동물발생론』 2권에서 말했듯 "출산과 관련하여 질료를 제공하는 것은 어머니"[2]이며, 죽음과 모든 고통을 겪을 수 있음(mors et omnis passibilitas)은 질료의 필연성으로부터 나오는 것이기에, 설령 아담이 아니라 하와가 죄를 지었더라도 후손들은 고통과 죽음을 겪도록(passibiles et mortales) 태어났을 것이다. 그런데 고통을 겪을 수 있게 된다는 것과 죽음에 대한 필연성은 원죄의 벌이다. 따라서 설령 아담이 아니라 하와가 죄를 지었더라도 그 후손은 원죄를 걸머지었을 것이다.

3. 다마셰누스는 그의 책 3권에서,[3] 성령이 거룩한 동정녀(이 분으로부터 그리스도가 원죄 없이 태어났다.)에게 그녀를 정화(淨化)시키

---

2. Aristoteles, *De generatione animalium*, II, 4, 738b20; Cf. I, 20-21, 729a10-11.
3. Damascenus, *De fide orthod.*, III, c.2; PG 94, 985B.

peccato originali nasciturus, *purgans eam*. Sed illa purgatio non fuisset necessaria, si infectio originalis peccati non traheretur ex matre. Ergo infectio originalis peccati ex matre trahitur. Et sic, Eva peccante, eius filii peccatum originale contraherent, etiam si Adam non peccasset.

Sed contra est quod Apostolus dicit, *Rom.* 5, [12]: *Per unum hominem peccatum in hunc mundum intravit.* Magis autem fuisset dicendum quod per duos intrasset, cum ambo peccaverint; vel potius per mulierem, quae primo peccavit; si femina peccatum originale in prolem transmitteret. Non ergo peccatum originale derivatur in filios a matre, sed a patre.

Respondeo dicendum quod huius dubitationis solutio ex praemissis apparet. Dictum est enim supra[4] quod peccatum originale a primo parente traducitur inquantum ipse movet ad generationem natorum, unde dictum est[5] quod, si materialiter tantum aliquis ex carne humana generaretur, originale peccatum non contraheret. Manifestum est autem secundum doctrinam philosophorum,[6] quod principium activum in generatione est a patre, materiam autem mater ministrat.[7] Unde peccatum originale non contrahitur a matre, sed a patre. Et secundum hoc, si, Adam non peccante, Eva peccasset, filii originale peccatum non contraherent. E converso autem esset, si Adam peccasset, et Eva non peccasset.

---

4. a.1.
5. 앞의 절.

며 임하였다고 말했다. 그러나 만약 원죄의 오염을 어머니로부터 걸머지는 것이 아니라면 이와 같은 정화가 필요하지 않았을 것이다. 그러므로 원죄의 오염을 어머니로부터 걸머지게 되는 것이며, 이에 따라 하와가 죄를 지었더라면, 설령 아담이 죄를 짓지 않았더라도 그녀의 후손들은 원죄를 짊어지게 되었을 것이다.

[재반론] 사도는 로마서 5장 [12절]에서 "한 사람[아담]을 통하여 죄가 이 세상에 들어왔다."고 말했다. 그런데 만약 여인[하와]이 후손에게 죄를 전해 준 것이었다면, 사도는 둘에 의해 [죄가] 들어왔다고 말해야 했을 것이다. 그리고 두 사람 모두가 죄를 지었으며, 오히려 여인이 먼저 죄를 지었으므로 여인에 의해 들어왔다고 말해야 했을 것이다. 그러므로 원죄는 후손에게 어머니가 아니라 아버지를 통해 전해진 것이다.

[답변] 이 문제에 대한 답은 앞서 언급한 것[4]들에 의해 분명해진다. 왜냐하면 원죄는 원조가 후손 출산의 원동자인 이상 그를 통해 전해진다고 앞서[5] 언급했기 때문이다. 그래서 누군가 오직 질료적으로만 인간의 살로 잉태되었다면 그는 원죄를 짊어지지 않을 것이라고 앞서[6] 말한 바 있다. 그런데 '철학자'의 이론에 따르면[7] 출산의 능동적 원리가 아버지로부터 오는 것인 반면, 어머니는 질료를 제공한다는 것이 분명하다. 그러므로 원죄는 어머니가 아니라 아버지로 인해 걸머진다. 그래서 마찬가지로 만약 아담이 아니라 하와가 죄를 지었더라면 그들의 후손이 원죄를 걸머지지 않았을 것이다. 반면 하와가 아니라 아담이 죄를 지었더라면 그 반대였을 것이다.

---

6. Cf. 2a.
7. Aristoteles, *De generatione animalium*, II, 4(738b20); Avicenna, *De natura animalium*, 9. 1(41ra); 9. 3(42r).

AD PRIMUM ergo dicendum quod in patre praeexistit filius sicut in principio activo, sed in matre sicut in principio materiali et passivo. Unde non est similis ratio.

AD SECUNDUM dicendum quod quibusdam[8] videtur quod, Eva peccante, si Adam non peccasset, filii essent immunes a culpa, paterentur tamen necessitatem moriendi, et alias passibilitates provenientes ex necessitate materiae, quam mater ministrat, non sub ratione poenae, sed sicut quosdam naturales defectus.—Sed hoc non videtur conveniens. Immortalitas enim et impassibilitas primi status non erat ex conditione materiae, ut in Primo[9] dictum est; sed ex originali iustitiae, per quam corpus subdebatur animae, quandiu anima esset subiecta Deo. Defectus autem originalis iustitiae est peccatum originale. Si igitur, Adam non peccante, peccatum originale non transfunderetur in posteros propter peccatum Evae; manifestum est quod in filiis non esset defectus originalis iustitiae. Unde non esset in eis passibilitas vel necessitas moriendi.

AD TERTIUM dicendum quod illa purgatio praeveniens in beata virgine, non requirebatur ad auferendum transfusionem originalis peccati, sed quia oportebat ut mater Dei maxima puritate niteret. Non enim est aliquid digne receptaculum Dei, nisi sit mundum; secundum illud Psalmi 92, [5]: *Domum tuam, domine, decet sanctitudo.*

[해답] 1. 자식은 아버지 몸속에서 능동적 원리로서 선재하며 어머니 몸속에서는 질료적이며 수동적인 원리로서 선재한다. 그러므로 이 [둘을] 유사한 [것처럼 비교하는 것은] 합당치 않다.

2. 어떤 사람들은[8] 아담이 아니라 하와가 죄를 지었더라면 그들의 후손이 죄에서 벗어나기는 하겠지만, 어머니로부터 제공받은 질료의 필연성에 따라 죽음의 필연성과 여타 고통을 겪을 수 있는 성질(necessitas moriendi et alias passibilitas)을 죄에 대한 벌이 아닌 모종의 본성적 결함으로, 어머니로부터 전해 받은 것이라 간주한다.―하지만 이는 이치에 부합하지는 않는다. 왜냐하면 원조의 불사성과 고통을 겪지 않는 성질은 제1부[9]에서 언급한 것처럼 질료적 조건에 따른 것이 아니라 본래적 의로움의 결과이기 때문이다. 하느님에게 순종하는 동안 본래적 의로움에 의해 육체는 영혼에 순종했다. 그런데 본래적 의로움의 손상이 [바로] 원죄다. 그러므로 아담이 죄를 짓지 않았더라면 하와의 죄로 인해 후손들에게 원죄가 옮아가지는 않았을 것이며, 이에 따라 그들에게 본래적 의로움의 손상도 없었으리라는 것은 명백하다. 결론적으로 그들[후손들]에게 고통과 죽음을 겪는 성질도 없었을 것이다.

3. 복되신 동정녀에 대한 사전 정화(purificatio praeveniens)는 원죄의 전이를 막기 위해서가 아니라, 하느님의 어머니가 가장 탁월한 순결함으로 빛나야 했기 때문에 필요했다. "당신의 집에는 거룩함이 어울립니다."라는 시편 93[92]편 [5절]의 [구절]에 따르면 오직 속된 것에[mundum] 물들지 않은 것만이 하느님을 받아들일 자격이 있다.

---

8. Albertus Magnus, *In Sent.*, IV, dist.1, a.21(BO 29, 37).
9. I, q.97, a.1; a.2, ad2.

QUAESTIO LXXXII
DE ORIGINALI PECCATO QUANTUM AD SUAM ESSENTIAM
in quatuor articulos divisa

Deinde considerandum est de peccato originali quantum ad suam essentiam.[1]

Et circa hoc quaeruntur quatuor.

Primo: utrum originale peccatum sit habitus.

Secundo: utrum sit unum tantum in uno homine.

Tertio: utrum sit concupiscentia.

Quarto: utrum sit aequaliter in omnibus.

Articulus 1
Utrum originale peccatum sit habitus

Ad primum sic proceditur. Videtur quod originale peccatum non sit habitus.

제82문
원죄의 본질에 대하여
(전4절)

이제 원죄에 대해 그 본질적인 면에서 고찰해야 한다.[1] 그리고 이와 관련하여 네 문제가 제기된다.

첫째, 원죄는 습성(habitus)인가?
둘째, 각 인간에게는 하나씩의 원죄가 있는가?
셋째, 원죄는 욕망(concupiscentia)인가?
넷째, 원죄는 모든 사람에게 똑같이 있는가?

제1절 원죄는 습성인가?

Parall.; *In Sent.*, II, d.30, q.1, a.3, ad2; *De malo*, q.4, a.2, ad4.
Doctr. Eccl.: 트리엔트공의회 제5회기, 3, DS 790[=DH 1513] 참조.

[반론] 첫째에 대해서는 다음과 같이 진행된다. 원죄는 습성처럼 보이지 않는다.

---

1. 81문 서론 참조.

1. Originale enim peccatum est carentia originalis iustitiae, ut Anselmus dicit, in libro *de concepto virginali*:[1] et sic originale peccatum est quaedam privatio. Sed privatio opponitur habitui. Ergo originale peccatum non est habitus.

2. Praeterea, actuale peccatum habet plus de ratione culpae quam originale, inquantum habet plus de ratione voluntarii. Sed habitus actualis peccati non habet rationem culpae, alioquin sequeretur quod homo dormiens culpabiliter, peccaret. Ergo nullus habitus originalis habet rationem culpae.

3. Praeterea, in malis actus semper praecedit habitum, nullus enim habitus malus est infusus, sed acquisitus. Sed originale peccatum non praecedit aliquis actus. Ergo originale peccatum non est habitus.

SED CONTRA est quod Augustinus dicit, in libro *de Baptismo Puerorum*,[2] quod secundum peccatum originale parvuli sunt concupiscibiles, etsi non sint actu concupiscentes. Sed habilitas dicitur secundum aliquem habitum. Ergo peccatum originale est habitus.

RESPONDEO dicendum quod, sicut supra[3] dictum est, duplex est habitus. Unus quidem quo inclinatur potentia ad agendum, sicut scientiae et virtutes habitus dicuntur. Et hoc modo peccatum originale non est habitus.—Alio modo dicitur habitus

1. 안셀무스가 『동정 잉태와 원죄에 관하여』[1]에서 언급했듯 원죄는 본래적 의로움의 부재이며, 따라서 모종의 결핍이다. 그런데 결핍은 습성에 대립된다. 그러므로 원죄는 습성이 아니다.

2. 본죄는 의지 쪽에 더 근거가 있는 이상 원죄보다 더 죄과의 근거를 갖는다. 그런데 본죄의 습성은 죄과의 근거를 갖지 않는다. 경우가 그렇지 아니하다면, 인간은 잠든 동안에도 죄과가 있는 방식으로(culpabiliter) 죄를 지을 것이기 때문이다. 그러므로 어떤 원초적 습성도 죄과의 근거를 갖지 않는다.

3. 악한 것들과 관련하여 행위는 항상 습성을 선행한다. 악한 습성은 주입되는 것이 아니라 습득한 것이기 때문이다. 그런데 어떤 행위도 원죄에 앞서지 않는다. 따라서 원죄는 습성이 아니다.

[재반론] 아우구스티누스가 『유아세례』[2]에서 말하듯 원죄로 말미암아 유아들에게는 욕망하는 행위를 하지 않았음에도 욕망에 대한 적성(aptitudo)이 있다. 그런데 적성이라는 것은 모종의 습성이다. 따라서 원죄는 습성이다.

[답변] 앞서 언급했듯,[3] 습성은 이중적이다. 먼저 지식과 덕을 습성이라 일컫는 경우처럼, 그로 인해 어떤 능력이 행위로 기울게 되는 것이다. 원죄는 이런 의미에서는 습성이 아니다.—둘째 유형은 어떤

---

1. Anselmus, *De conceptu virginali et de originali peccato*, in *Opera Omnia*, F. S. Schmitt(ed.), Vol.II, 1946, p.166: "Nam etsi in Adam illi remansit aliqua iustitia, ut in rebus aliquibus rectam servaret voluntatem: sic tamen privata est illo dono, quo sibi iustitiam custodire poterat in posteros, ut in nullo eorum ipsa cum aliqua iustitia se propagare queat."

dispositio alicuius naturae ex multis compositae, secundum quam bene se habet vel male ad aliquid, et praecipue cum talis dispositio versa fuerit quasi in naturam, ut patet de aegritudine et sanitate. Et hoc modo peccatum originale est habitus. Est enim quaedam inordinata dispositio proveniens ex dissolutione illius harmoniae in qua consistebat ratio originalis iustitiae, sicut etiam aegritudo corporalis est quaedam inordinata dispositio corporis, secundum quam solvitur aequalitas in qua consistit ratio sanitatis. Unde peccatum originale *languor naturae* dicitur.[4]

AD PRIMUM ergo dicendum quod, sicut aegritudo corporalis habet aliquid de privatione, inquantum tollitur aequalitas sanitatis; et aliquid habet positive, scilicet ipsos humores inordinate dispositos, ita etiam peccatum originale habet privationem originalis iustitiae, et cum hoc inordinatam dispositionem partium animae. Unde non est privatio pura, sed est quidam habitus corruptus.

AD SECUNDUM dicendum quod actuale peccatum est inordinatio quaedam actus, originale vero, cum sit peccatum naturae, est quaedam inordinata dispositio ipsius naturae, quae habet rationem culpae inquantum derivatur ex primo parente, ut dictum est.[5] Huiusmodi autem dispositio naturae inordinata habet rationem habitus, sed inordinata dispositio actus non habet rationem habitus. Et propter hoc, peccatum originale potest esse habitus, non autem peccatum actuale.

복합된 본성의 태세로, 무엇보다도 그와 같은 태세는 병약함 혹은 건강함에서 확인할 수 있는 것처럼 제2의 본성처럼 되며, 이것에 따라 그 본성이 어떤 것에 대해 좋은 쪽으로 혹은 나쁜 쪽으로 태세를 갖게 된다. 원죄는 이런 의미에서 습성이다. 왜냐하면 [원죄는] 병약함이 마치 건강함을 이루는 균형의 와해에 따른 육체의 무질서한 태세인 것처럼 본래적 의로움을 이루었던 조화의 와해에서 생겨난 무질서한 태세이기 때문이다. 그 결과 원죄를 본성의 나약성(languor naturae)이라 일컫는다.[4]

[해답] 1. 육체적 병약함이 건강이라는 균형을 앗아 갔음을 뜻한다는 점에서 결핍과 관계되는 어떤 것이자, 무질서한 유형의 태세를 지닌 체액을 갖는다는 면에서는 적극적인 어떤 것이듯 원죄도 원초적 본래적 의로움의 결핍과 함께, 영혼의 부분들의 무질서한 성향도 뜻한다고 말해야 한다. 이에 따라 [원죄는] 순수한 결핍이 아니라 모종의 타락한 습성이다.

2. 본죄는 행위와 관련된 어떤 무질서라고 말해야 한다. 그러나 원죄는, 본성의 죄로서, 어떤 본성의 무질서한 태세이며, 원조로부터 전해짐으로써 죄과의 근거를 갖는다.[5] 그런데 이런 양태의 무질서한 본성의 태세는 습성의 특성을 갖는다. 하지만 행위의 무질서한 태세는 습성이라는 특성을 갖지 않는다. 그래서 이런 까닭에 원죄는 습성일 수 있지만, 본죄는 습성일 수 없다.

---

2. *et de bapt. parvul.*, I, c.39. Cf. Petrus Lombardus, *Sent.*, II, dist.30, cap.6.
3. q.49, a.4; q.50, a.1.
4. Cf. Aug. *Enarr. in Ps.*, Ps.118, serm3, n.1: PL 37, 1507.-Cf. Petrus Lombardus, *Sent.*, II, dist.30, cap.8.
5. q.81, a.1.

AD TERTIUM dicendum quod obiectio illa procedit de habitu quo potentia inclinatur in actum, talis autem habitus non est peccatum originale. Quamvis etiam ex peccato originali sequatur aliqua inclinatio in actum inordinatum, non directe, sed indirecte, scilicet per remotionem prohibentis, idest originalis iustitiae, quae prohibebat inordinatos motus, sicut etiam ex aegritudine corporali indirecte sequitur inclinatio ad motus corporales inordinatos. Nec debet dici quod peccatum originale sit habitus infusus; aut acquisitus per actum nisi primi parentis, non autem huius personae; sed per vitiatam originem innatus.

Articulus 2
Utrum in uno homine sint multa originalia peccata

Ad secundum sic proceditur. Videtur quod in uno homine sint multa originalia peccata.

1. Dicitur enim in Psalmo 50, [7]: *Ecce enim in iniquitatibus conceptus sum, et in peccatis concepit me mater mea.* Sed peccatum in quo homo concipitur, est originale. Ergo plura peccata originalia sunt in uno homine.

3. 이 반론은 그것으로 인해 가능태가 현실태로 이끌려 가는 습성으로부터 나온 것이라고 말해야 한다. 그런데 원죄는 이런 [의미의] 습성이 아니다. 그럼에도 마치 무질서한 육체적 운동을 향한 경향성이 육체적 병약함의 간접적 결과인 것처럼, 무질서한 행위로 이끌려 가는 어떤 태세는 직접적은 아니지만 간접적으로, 달리 말해 무질서한 행동을 막는 본래의 의로움이라는 장애를 제거함으로써(per remotionem prohibentis), 원죄에 따른 것이다. 원죄가 주입된 습성이라든가 (원조들의 행위를 제외한다면, 어느 누군가의) 행위를 통해 획득된 습성이라고 말해서는 안 된다. 그것은 출생에서의 어떤 결함을 통해 타고난 습성이기 때문이다.

제2절 한 인간에게 여러 원죄가 있는가?

Parall.: *In Sent.*, II, d.33, q.1, a.3; *De malo*, q.4, a.8, ad1; *In Psalm.*, 31, 50; *In Ep. ad Rom.*, c.4, lec.1; c.5, lec.3.

[반론] 둘째에 대해서는 다음과 같이 진행된다. 한 인간 안에 원죄가 여럿 있는 것처럼 보인다.

1. 시편 51[50]편 [7절]에 "정녕 저는 죄 중에 태어났고, 허물 중에서 제 어머니가 저를 배었습니다."라고 쓰여 있다. 그런데 인간이 잉태될 때부터 얻은 죄가 원죄다. 따라서 인간에게는 여러 원죄가 있다.

2. Praeterea, unus et idem habitus non inclinat ad contraria, habitus enim inclinat per modum naturae, quae tendit in unum. Sed peccatum originale, etiam in uno homine, inclinat ad diversa peccata et contraria. Ergo peccatum originale non est unus habitus, sed plures.

3. Praeterea, peccatum originale inficit omnes animae partes. Sed diversae partes animae sunt diversa subiecta peccati, ut ex praemissis[1] patet. Cum igitur unum peccatum non possit esse in diversis subiectis, videtur quod peccatum originale non sit unum, sed multa.

Sed contra est quod dicitur Ioan. 1, [29]: *Ecce Agnus Dei, ecce qui tollit peccatum mundi.* Quod singulariter dicitur, quia peccatum mundi, quod est peccatum originale, est unum; ut Glossa[2] ibidem exponit.

Respondeo dicendum quod in uno homine est unum peccatum originale. Cuius ratio dupliciter accipi potest. Uno modo, ex parte causae peccati originalis. Dictum est enim supra[3] quod solum primum peccatum primi parentis in posteros traducitur. Unde peccatum originale in uno homine est unum numero; et in omnibus hominibus est unum proportione, in respectu scilicet ad primum principium.

Alio modo potest accipi ratio eius ex ipsa essentia originalis

2. 습성은 어떤 하나를 향해 기우는 본성의 방식으로 이끌리므로, 하나이자 동일한 습성은 다른 상반되는 것에 이끌리지 않는다. 그런데 원죄는 한 사람과 관련한 경우라도 다양하고 상반되는 죄로 이끌려 간다. 따라서 원죄는 하나가 아니라 여러 개의 습성들이다.

3. 원죄는 영혼의 모든 부분에 영향을 준다. 그런데 앞서 본 바와 같이[1] 영혼의 서로 다른 부분들은 서로 다른 죄들의 주체다. 그러므로 하나의 죄가 여러 주체들 안에 있을 수 없기에, 원죄는 하나가 아니라 여럿이다.

[재반론] 요한복음서 1장 [29절]에서는 "보라, 세상의 죄를 없애시는 하느님의 어린양이시다."라고 언급하는데, 여기에서 단수로 언급한 것은 이 구절에 대한 주석[2]에서 설명하듯 원죄로서 세상의 죄가 하나이기 때문이다.

[답변] 한 인간 안에 하나의 원죄가 있다. 이에 대해서는 두 가지로 근거를 댈 수 있다. 먼저 원죄의 원인이라는 면에서, 앞서 언급한 것처럼[3] 원조의 최초의 죄만 후손들에게 전해졌다. 그러므로 한 인간에게는 수적으로 하나의 원죄만 있다. 그리고 모든 인간에게 원죄는 그 제1원리와 관련하여 비례적으로 하나다.

다음으로 그 근거는 원죄의 본질로부터 취할 수 있다. 왜냐하면 모든 무질서한 태세와 관련하여 [우리는] 종이 하나임(unitas speciei)을

---

1. q.74.
2. *Glossa ordin.*(v. 189F).
3. q.81, a.2.

peccati. In omni enim inordinata dispositione unitas speciei consideratur ex parte causae; unitas autem secundum numerum, ex parte subiecti. Sicut patet in aegritudine corporali, sunt enim diversae aegritudines specie quae ex diversis causis procedunt, puta ex superabundantia calidi vel frigidi, vel ex laesione pulmonis vel hepatis; una autem aegritudo secundum speciem, in uno homine non est nisi una numero. Causa autem huius corruptae dispositionis quae dicitur originale peccatum, est una tantum, scilicet privatio originalis iustitiae, per quam sublata est subiectio humanae mentis ad Deum.[4] Et ideo peccatum originale est unum specie. Et in uno homine non potest esse nisi unum numero, in diversis autem hominibus est unum specie et proportione, diversum autem numero.

AD PRIMUM ergo dicendum quod pluraliter dicitur *in peccatis*, secundum illum morem divinae Scripturae quo frequenter ponitur pluralis numerus pro singulari, sicut Matth. 2, [20]: *Defuncti sunt qui quaerebant animam pueri*. Vel quia in peccato originali virtualiter praeexistunt omnia peccata actualia, sicut in quodam principio, unde est multiplex virtute. Vel quia in peccato primi parentis quod per originem traducitur, fuerunt plures deformitates, scilicet superbiae, inobedientiae, gulae, et alia huiusmodi. Vel quia multae partes animae inficiuntur per peccatum originale.

원인이라는 면에서 고찰하며, 수적인 하나임을 주체로부터 고찰하기 때문이다. 육체적 병약함에서 확인되듯 다양한 병약함의 종들은 다양한 원인, 예컨대 열기와 냉기의 과잉이나 폐 혹은 간의 병변으로부터 나온다. 한편 한 인간에게서 종적으로 하나인 질환은 수적으로 오직 하나일 뿐이다. 그런데 원죄라 일컫는 이 타락한 상태의 원인은 오직 하나, 즉 본래적 의로움의 결핍으로, 이는 하느님에 대한 인간 정신의 주종 관계(subiectio)를 소멸시킨다.[4] 결과적으로 원죄는 종적으로 하나이며 한 인간에게 오로지 수적으로 하나일 뿐이다. 한편 여러 인간들에 대해서는 종적으로, 그리고 비례적으로 하나이되 수적으로는 다수다.

[해답] 1. 죄들과 관련하여 복수형으로(pluraliter) 언급하는 것은 마태오복음서 2장 [20절]에서 [헤로데 왕 한 명이 죽었음에도] "아기의 목숨을 노리는 자들이 죽었다."라고 말하는 것처럼 단수의 것에 대해 종종 복수형을 사용하는 성경의 관행에 따른 것이라거나, 혹은 모든 본죄들이 실질적으로 원죄 안에 하나의 원리 안에 있듯이 선재하기 때문에 잠재적으로 여럿이라거나, 혹은 원조의 죄 안에 여러 변형, 즉 교만, 불순종, 탐식 등이 있기 때문이라거나, 혹은 영혼의 여러 부분들이 원죄의 영향을 받았기 때문이라고 말해야 한다.

---

4. Cf. I, q.95, a.1.

AD SECUNDUM dicendum quod unus habitus non potest inclinare per se et directe, idest per propriam formam, ad contraria. Sed indirecte et per accidens, scilicet per remotionem prohibentis, nihil prohibet, sicut, soluta harmonia corporis mixti, elementa tendunt in loca contraria. Et similiter, soluta harmonia originalis iustitiae, diversae animae potentiae in diversa feruntur.

AD TERTIUM dicendum quod peccatum originale inficit diversas partes animae, secundum quod sunt partes unius totius, sicut et iustitia originalis continebat omnes animae partes in unum. Et ideo est unum tantum peccatum originale. Sicut etiam est una febris in uno homine, quamvis diversae partes corporis graventur.

Articulus 3
Utrum originale peccatum sit concupiscentia

Ad tertium sic proceditur. Videtur quod peccatum originale non sit concupiscentia.

1. Omne enim peccatum est contra naturam, ut dicit Damascenus, in II libro.[1] Sed concupiscentia est secundum naturam, est enim proprius actus virtutis concupiscibilis, quae

2. 하나의 습성은 그 자체로 그리고 직접적으로, 즉 그것에 고유한 형상을 통해 상반된 것으로 이끌릴 수 없다고 말해야 한다. 하지만 간접적으로, 그리고 우유적으로, 즉 장애의 제거를 통해 하나의 습성이 [상반되는 것으로 이끌리는 것을] 막는 것은 아무것도 없다. 이는 마치 복합된 물체의 조화가 와해되면, 요소들이 상반되는 장소로 향하는 것과 같다. 그래서 마찬가지로 본래적 의로움이 와해되면 다양한 영혼의 능력들이 다양한 것으로 이끌리게 된다.

3. 마치 본래적 의로움이 영혼의 모든 부분을 하나 안에서 포괄했듯, 영혼의 다양한 부분들은 하나인 전체의 부분들로서 원죄의 영향을 받는다고 말해야 한다. 이런 까닭에 [열병에] 육체의 여러 부분들이 영향을 받는다 해도 한 인간 안에 오로지 하나의 열병만 있듯, 한 인간에게는 오직 하나의 원죄만 있을 뿐이다.

제3절 원죄는 욕망인가?

Parall.: *In Sent.*, II, d.30, q.1, a.3; d.31, q.2, a.1, ad3; d.32, q.1, a.1, ad1, 83-84; *De malo*, q.3, a.7; q.4, a.2.
Doctr. Eccl.: 트리엔트공의회 제5회기, 5, DS 792[=DH 1515] 참조.

[반론] 셋째에 대해서는 다음과 같이 진행된다. 원죄는 욕망(concupiscentia)이 아닌 것처럼 보인다.

1. 다마셰누스가 제2권에서[1] 말한 것처럼 모든 죄는 본성에 어긋난다. 그런데 욕망은 본성적 능력인 욕정적(concupiscibilis) 능력의 고유

---

1. Damascenus, *De fide orth.* II, tc.8, 40; IV, c.20; PG 94, 876 A, 976 A, 1196 B.

est potentia naturalis. Ergo concupiscentia non est peccatum originale.

2. Praeterea, per peccatum originale sunt in nobis *passiones peccatorum*; ut patet per Apostolum, *Rom.* 7, [5].[2] Sed multae aliae sunt passiones praeter concupiscentiam, ut supra[3] habitum est. Ergo peccatum originale non magis est concupiscentia quam aliqua alia passio.

3. Praeterea, per peccatum originale deordinantur omnes animae partes, ut dictum est.[4] Sed intellectus est suprema inter animae partes; ut patet per Philosophum, in X *Ethic.*[5] Ergo peccatum originale magis est ignorantia quam concupiscentia.

SED CONTRA est quod Augustinus dicit, in libro *Retract.*:[6] *Concupiscentia est reatus originalis peccati.*

RESPONDEO dicendum quod unumquodque habet speciem a sua forma. Dictum est autem supra[7] quod species peccati originalis sumitur ex sua causa. Unde oportet quod id quod est formale in originali peccato, accipiatur ex parte causae peccati originalis. Oppositorum autem oppositae sunt causae. Est igitur attendenda causa originalis peccati ex causa originalis iustitiae, quae ei opponitur. Tota autem ordinatio originalis iustitiae ex

---

2. 로마 7,5: "사실 전에 우리가 육에 갇혀 있을 때에는, 율법으로 말미암아 생겨난 죄 많은 여러 욕정이 우리 지체 안에서 작용하여 죽음에 이르게 하였습니다."

한 행위이기에 본성에 부합한다. 그러므로 욕망은 원죄가 아니다.

2. 로마서 7장 [5절]에서 사도가 보여 주었듯 원죄로 인해 우리 안에는 "여러 죄의 정념들(passiones peccatorum)"이 있다.[2] 그런데 앞서 언급했듯[3] 욕망 외에도 여러 다른 정념들이 있다. 그러므로 원죄는 다른 정념들과 같은 것 이상으로 욕망과 같은 것이 아니다.

3. 앞서 언급했듯[4] 원죄로 인해 영혼의 모든 부분이 혼란 상태에 빠졌다. 그런데 지성은 철학자가 언급했듯[5] 영혼의 부분들 가운데 가장 탁월한 부분이다. 그러므로 원죄는 욕망이라기보다는 무지다.

[재반론] 아우구스티누스는 『재론고』에서 "욕망은 원죄의 죄책"[6]이라고 말했다.

[답변] 모든 것은 그것의 형상으로 인해 종(種)을 갖는다. 그래서 위에서[7] 원죄의 종은 그것의 원인으로부터 취한다고 언급했다. 그러므로 원죄와 관련하여 형상적인 것은 반드시 원죄의 원인의 편에서 취해야 한다. 그런데 대립하는 것들은 대립하는 원인들을 갖는다. 그러므로 원죄의 원인은 그것[원죄]과 대립하는 본래적 의로움의 원인으

이 부분에 대한 대중 라틴말 성경의 문구는 다음과 같다: "cum enim essemus in carne passiones peccatorum quae per legem erant operabatur in membris nostris ut fructificarent morti."

3. q.23, a.4.
4. a.2.
5. *Ethica Nic.*, X, 7, 1177a20.
6. *Retract.* I, 15; *De Pecc. merit. et remiss. et de bapt. parvul.*, I, 29(PL 44, 142); Augustinus, *De Nuptiis et Concupiscentia.*, C. F. Urba et J. Zycha(ed.), Turnhout, Brepols, 1902, I, 25. 28, p.240.11 이하.
7. a.2

hoc est, quod voluntas hominis erat Deo subiecta. Quae quidem subiectio primo et principaliter erat per voluntatem, cuius est movere omnes alias partes in finem, ut supra[8] dictum est. Unde ex aversione voluntatis a Deo, consecuta est inordinatio in omnibus aliis animae viribus.

Sic ergo privatio originalis iustitiae, per quam voluntas subdebatur Deo, est formale in peccato originali, omnis autem alia inordinatio virium animae se habet in peccato originali sicut quiddam materiale. Inordinatio autem aliarum virium animae praecipue in hoc attenditur, quod inordinate convertuntur ad bonum commutabile, quae quidem inordinatio communi nomine potest dici concupiscentia. Et ita peccatum originale materialiter quidem est concupiscentia; formaliter vero, defectus originalis iustitiae.[9]

AD PRIMUM ergo dicendum quod, quia in homine concupiscibilis naturaliter regitur ratione,[10] intantum concupiscere est homini naturale, inquantum est secundum rationis ordinem, concupiscentia autem quae transcendit limites rationis, est homini contra naturam. Et talis est concupiscentia originalis peccati.

---

8. q.9, a.1.
9. 원조의 죄에는 어떤 형상적인 것, 즉 불변하는 선으로부터 등돌림과 어떤 질료적인 것, 즉 가변적인 선을 향함이 있었다. 그리고 이로 인해 불면의 선으로부터 등

로부터 찾아야 한다. 그런데 본래적 의로움이라는 질서의 총체는 인간의 의지가 하느님에게 순종하는 데에 있다. 그 순종은 다른 모든 것에 앞서 의지와 관련되는데, 의지의 기능은 위에서 언급했듯[8] 다른 부분들을 목적을 향해 움직이는 데 있다. 그래서 의지가 하느님을 외면할 때 영혼의 모든 능력은 혼란에 빠진다.

그러므로 이렇게 의지를 하느님께 순종토록 만드는 본래적 의로움의 결여는 원죄의 형상적 [면모]이며 여타 영혼의 능력[에서 드러나는] 무질서는 원죄와 관련하여 어떤 질료적인 것이다. 그래서 영혼의 여타 능력의 무질서는 이런, 즉 무엇보다도 가변적인 선을 향해 무질서하게 돌아선다는 데에 있는데, 바로 그 무질서를 공통적으로 욕망이라 일컬을 수 있다. 그러므로 원죄는 질료적으로는 응당 욕망이지만, 형상적으로는 본래적 의로움의 결함이다.[9]

[해답] 1. 인간에게서 욕정적 능력은 본성적으로 이성의 지배를 받기 때문에,[10] 욕망의 작용은 이성의 질서에 부합하는 한 인간에게 본성적인 것인 반면, 이성의 제약을 넘어서는 그만큼 인간 본성에 어긋난다. 그리고 원죄라는 욕망이 바로 그렇다.

돌림으로써 원조는 원초적 정의의 은사를 잃었다. 또한 이로 인해 이성을 향해 고양되었어야 했던 하위의 힘은 가변적인 선을 향해 무질서하게 향함으로써 저열한 것들을 향해 끌려 내려오게 되었다. 그래서 이런 식으로, 심지어 원조의 근간으로부터 발원하는 것들과 관련해서도, 영혼의 더 탁월한 부분도 마땅히 하느님을 향해야 할 질서(원초적 정의를 통해 그에게 있었던)를 결하며, 하위의 힘은 이성에 복종하지 않고 자신의 고유한 충동을 좇아 저급한 것들을 향하게 된다. 그래서 또한 육체도 그것을 이루는 **대립**하는 것들의 이끌림을 좇아 사멸로 이끌이게 된다.(*De malo*, q.4, a.2)

10. ch. q.74, a.3, ad1 et Ia q.81, a.3.

AD SECUNDUM dicendum quod, sicut supra[11] dictum est, omnes passiones irascibilis ad passiones concupiscibilis reducuntur, sicut ad principaliores. Inter quas concupiscentia vehementius movet, et magis sentitur, ut supra[12] habitum est. Et ideo concupiscentiae attribuitur, tanquam principaliori, et in qua quodammodo omnes aliae passiones includuntur.

AD TERTIUM dicendum quod, sicut in bonis intellectus et ratio principalitatem habent, ita e converso in malis inferior pars animae principalior invenitur, quae obnubilat et trahit rationem, ut supra[13] dictum est. Et propter hoc peccatum originale magis dicitur esse concupiscentia quam ignorantia, licet etiam ignorantia inter defectus materiales peccati originalis contineatur.

Articulus 4
Utrum peccatum originale sit aequaliter in omnibus

Ad quartum sic proceditur. Videtur quod peccatum originale non sit aequaliter in omnibus.

1. Est enim peccatum originale concupiscentia inordinata, ut dictum est.[1] Sed non omnes aequaliter sunt proni ad concupiscendum. Ergo peccatum originale non est aequaliter in

---
11. q.25, a.1.
12. q.25, a.2, ad1.

2. 앞서 언급했듯[11] 모든 분노적(irascibilis) 정념들은 으뜸인 것을 향해 가듯 욕정적 정념으로 소급된다. 그래서 앞서 언급했듯[12] 이들[분노적 정념들] 가운데 욕망은 가장 격하게 움직이며 가장 잘 느껴진다. 그러므로 [원죄는] 으뜸가는 [정념인] 욕망에 귀속되는데, 그 [욕망] 안에는 모종의 방식으로 다른 모든 정념들이 포함된다.

3. 선한 것들과 관련하여 지성과 이성이 최우선성을 갖듯, 그 반대로 악한 것과 관련해서는 앞서 언급했듯[13] 이성을 흐리고 거스르는 영혼의 저급한 부분이 우선적으로 드러난다. 그래서 무지가 원죄의 질료적 결함 중 하나임에도 원죄를 무지보다는 욕망이라 일컫는 것이다.

제4절 모든 사람에게 원죄는 동등하게 있는가?

Parall.: *In Sent.*, II, d.32, q.1, a.3.

[반론] 넷째에 대해서는 다음과 같이 진행된다. 원죄는 모든 사람에게 동등하게 있는 것처럼 보이지 않는다.

1. 앞서 언급했듯[1] 원죄는 무질서한 욕망이다. 그런데 모든 사람들이 욕망의 작용에 똑같은 [방식으로] 이끌리는 것은 아니다. 그러므

---

13. q.77, aa.1-2; q.80, a.2.

1. a.3.

omnibus.

2. Praeterea, peccatum originale est quaedam inordinata dispositio animae, sicut aegritudo est quaedam inordinata dispositio corporis. Sed aegritudo recipit magis et minus. Ergo peccatum originale recipit magis et minus.

3. Praeterea, Augustinus dicit, in libro *de Nupt. et Concupisc.*,[2] quod *libido transmittit originale peccatum in prolem.* Sed contingit esse maiorem libidinem unius in actu generationis, quam alterius. Ergo peccatum originale potest esse maius in uno quam in alio.

SED CONTRA est quia peccatum originale est peccatum naturae, ut dictum est.[3] Sed natura aequaliter est in omnibus. Ergo et peccatum originale.

RESPONDEO dicendum quod in originali peccato sunt duo, quorum unum est defectus originalis iustitiae; aliud autem est relatio huius defectus ad peccatum primi parentis, a quo per vitiatam originem deducitur. Quantum autem ad primum, peccatum originale non recipit magis et minus, quia totum donum originalis iustitiae est sublatum; privationes autem totaliter aliquid privantes, ut mors et tenebrae, non recipiunt magis et minus, sicut supra[4] dictum est. Similiter etiam nec quantum ad secundum, aequaliter enim omnes relationem

로 원죄는 모든 사람에게 동등하게 있는 것이 아니다.

2. 나약함이 육체의 무질서한 태세인 것처럼 원죄는 영혼의 무질서한 태세이다. 그런데 나약함은 크고 작음을 수용한다. 따라서 원죄에도 큼과 작음이 있다.

3. 아우구스티누스는 『결혼과 욕망에 관하여』에서 "성욕(libido)이 원죄를 후손에게 전한다."고 말했다.[2] 그런데 생식 행위에서 어떤 사람의 경우 다른 사람의 경우보다 더 성욕이 크기도 하다. 그러므로 원죄는 어떤 사람의 경우에 다른 사람보다 더 크다.

[재반론] 앞에서도 언급했듯이[3] 원죄는 본성의 죄다. 그런데 본성은 모두에게 동등하게 있다. 따라서 원죄도 그렇다.

[답변] 원죄와 관련해서는 두 가지가 있다. 그중 하나는 본래적 의로움의 결함이고, 다른 것은 타락한 출생을 통해 그[원조]로부터 인간에게 전해진 원조의 죄에 대한 결함의 관계이다. 전자와 관련하여 원죄는 크고 작음을 수용하지 않는다. 왜냐하면 본래적 의로움이라는 선물을 철저히 박탈당했기 때문이다. 그리고 앞에서 언급한 것처럼[4] 죽음과 어둠처럼 어떤 것을 철저히 제거하는 결핍은 크고 작음을 수용하지 않는다. 마찬가지로 후자의 경우에도 이는 가능하지 않다. 관계는 크고 작음을 수용하지 않는 것이어서,[5] 모든 인간은 원죄와 원초적 타락, 즉 죄과의 근거를 그것으로부터 얻는 제1원리와 관

---

2. I. cc.23-24: PL 44, 428-429 Cf. Fulgentius, *De fide ad Petrum*, c.2, n.16: PL 65, 679B.
3. q.81, a.1.
4. q.73, a.2.
5. Aristoteles, *Categoria*, c.7, 6b20.

habent ad primum principium vitiatae originis, ex quo peccatum originale recipit rationem culpae; relationes enim non recipiunt magis et minus.⁵ Unde manifestum est quod peccatum originale non potest esse magis in uno quam in alio.

AD PRIMUM ergo dicendum quod, soluto vinculo originalis iustitiae, sub quo quodam ordine omnes vires animae continebantur, unaquaeque vis animae tendit in suum proprium motum; et tanto vehementius, quanto fuerit fortior. Contingit autem vires aliquas animae esse fortiores in uno quam in alio, propter diversas corporis complexiones. Quod ergo unus homo sit pronior ad concupiscendum quam alter, non est ratione peccati originalis, cum in omnibus aequaliter solvatur vinculum originalis iustitiae, et aequaliter in omnibus partes inferiores animae sibi relinquantur, sed accidit hoc ex diversa dispositione potentiarum, sicut dictum est.⁶

AD SECUNDUM dicendum quod aegritudo corporalis non habet in omnibus aequalem causam, etiam si sit eiusdem speciei, puta, si sit febris ex cholera putrefacta, potest esse maior vel minor putrefactio, et propinquior vel remotior a principio vitae. Sed causa originalis peccati in omnibus est aequalis. Unde non est simile.

---

6. (*추가주) 모든 영혼의 힘을 하나로 포괄하는 올바름의 상실은 모든 [영혼의 힘에] 똑같이 일어난다. 왜냐하면 결핍이라는 것은 그 자체로서 더함과 덜함을 수

계를 맺고 있기 때문이다. 결론적으로 원죄가 어떤 사람의 경우에 다른 사람의 경우보다 클 수는 없다.

[해답] 1. 영혼의 모든 능력들을 모종의 질서에 붙들어 두던 본래적 의로움이라는 끈이 풀림으로써, 영혼의 각 능력은 제각기 고유한 운동을 하는 경향을 갖게 되는데, [능력이] 더 강해질수록 [각 운동은] 더 격해진다. 그런데 어떤 영혼의 능력들은 육체의 다양한 기질(complexio)로 인해 어떤 사람의 경우에 다른 사람의 경우보다 더 강하다. 그러므로 어떤 사람은 다른 사람보다 욕망에 더 많이 기울게 되는데, 그 까닭은 원죄에 있는 것이 아니다. 모든 사람과 관련하여 본래적 의로움의 끈은 똑같이 풀렸으며, 또한 영혼의 모든 열등한 부분은 동등하게 남겨졌다. 그 까닭은 오히려 언급한 것처럼 능력들의 다양한 상태로 인해 이렇게 된 것이다.[6]

2. 육체의 나약함은, 같은 종의 나약함의 경우일지라도, 모든 사람에게 동일한 원인을 갖는 것이 아니다. 예컨대 열이 담즙의 부패로 인한 것이라면, 그 부패에는 더함과 덜함이 있을 수 있고 생명의 원리로부터 가깝거나 멀 수 있다. 그런데 원죄의 원인은 모두에게 동일하다. 그러므로 [어떤 다름 또는 차이를 함축하고 있는] 유사한 것이 아니다.

용하지 않기 때문이다. 그런데 올바름을 결한 능력들이 추한 활동으로 이끌려 가는 것처럼 원초적 오염이 한 인격의 오염으로까지 파급된다는 이런 사실을 염두에 두고 생각할 경우, 이와 마찬가지로 한 사람에게는 다른 사람에게보다 더 무질서한 정욕의 타락이 있을 것이다. 즉 그 본성적 특질 혹은 습성에 의해 누군가의 안에 있는 욕정적인 혹은 분노적인 것은 다른 사람 안에 있는 것보다 행위와 관련하여 더 효과적이며 더 강렬할 것이다. 그래서 이런 유형의 정욕은 세례를 받은 이후에 은총이 상반되는 행위에 이끌리는 욕망적이며 분노적인 충동을 억제하는 이상 줄어든다고 말한다.(*In Sent.*, II, d.32, q.1, a.3)

AD TERTIUM dicendum quod libido quae transmittit peccatum originale in prolem, non est libido actualis, quia dato quod virtute divina concederetur alicui quod nullam inordinatam libidinem in actu generationis sentiret, adhuc transmitteret in prolem originale peccatum. Sed libido illa est intelligenda habitualiter, secundum quod appetitus sensitivus non continetur sub ratione vinculo originalis iustitiae. Et talis libido in omnibus est aequalis.

3. 원죄를 후손에게 전하는 성욕은 현실태의 성욕이 아니다. 왜냐하면 하느님께서 누군가가 출산 행위와 관련하여 무질서한 성욕을 느끼지 못하도록 했다고 가정할지라도, 그는 여전히 후손에게 원죄를 전할 것이기 때문이다. 그 성욕은 오히려 감각적 욕구가 본래적 의로움과의 유대를 통해 이성의 통제 아래 들지 못하게 만드는 습성적인 성욕으로 이해해야 한다. 이런 성욕은 모든 사람에게 동등하다.

QUAESTIO LXXXIII
DE SUBIECTO ORIGINALIS PECCATI
in quatuor articulos divisa

Deinde considerandum est de subiecto originalis peccati.[1]

Et circa hoc quaeruntur quatuor.

Primo: utrum subiectum originalis peccati per prius sit caro vel anima.

Secundo: si anima, utrum per essentiam aut per potentias suas.

Tertio: utrum voluntas per prius sit subiectum peccati originalis quam aliae potentiae.

Quarto: utrum aliquae potentiae animae sint specialiter infectae, scilicet generativa, vis concupiscibilis et sensus tactus.

Articulus 1
Utrum originale peccatum sit magis in carne quam in anima

Ad primum sic proceditur. Videtur quod peccatum originale magis sit in carne quam in anima.

---

1. Cf. q.81, Introd.

제83문
원죄의 주체에 대하여
(전4절)

이제 원죄의 주체에 대해 고찰해야 한다.[1]
이와 관련하여 네 가지 문제가 제기된다.

첫째, 원죄의 주체는 살인가, 아니면 영혼인가?
둘째, 만약 [주체가] 영혼이라면 본질에 의한 것인가, 아니면 그것의 능력에 의해 그런 것인가?
셋째, 의지는 다른 능력보다 더 우선적으로 원죄의 주체인가?
넷째, 다른 영혼의 부분들, 예컨대 생식능력과 욕정적 능력 그리고 촉각이 특수하게 [원죄의] 영향을 받는가?

제1절 원죄는 영혼보다 육신에서 더 큰 것인가?

Parall.: *In Sent.*, II, d.18, q.2, a.1, ad3; d.30, q.1, a.2, ad4; d.31, q.1, a.1, ad2&4; d.33, q.1, a.3, ad4; *De malo*, q.4, a.3.

[반론] 첫째에 대해서는 다음과 같이 진행된다. 원죄는 영혼보다 살에서 더 커 보인다.

q.83, a.1

1. Repugnantia enim carnis ad mentem ex corruptione originalis peccati procedit. Sed radix huius repugnantiae in carne consistit, dicit enim Apostolus *ad Rom.* 7, [23]: *Video aliam legem in membris meis, repugnantem legi mentis meae.* Ergo originale peccatum in carne principaliter consistit.

2. Praeterea, unumquodque potius est in causa quam in effectu, sicut calor magis est in igne calefaciente quam in aqua calefacta. Sed anima inficitur infectione originalis peccati per semen carnale. Ergo peccatum originale magis est in carne quam in anima.

3. Praeterea, peccatum originale ex primo parente contrahimus, prout in eo fuimus secundum rationem seminalem.[1] Sic autem non fuit ibi anima, sed sola caro. Ergo originale peccatum non est in anima, sed in carne.

4. Praeterea, anima rationalis creata a Deo corpori infunditur. Si igitur anima per peccatum originale inficeretur, consequens esset quod ex sua creatione vel infusione inquinaretur. Et sic Deus esset causa peccati, qui est auctor creationis et infusionis.

5. Praeterea, nullus sapiens liquorem pretiosum vasi infunderet ex quo sciret ipsum liquorem infici. Sed anima rationalis est pretiosior omni liquore. Si ergo anima ex corporis unione infici posset infectione originalis culpae, Deus, qui ipsa sapientia est, nunquam animam tali corpori infunderet. Infundit autem. Non

---

1. 정액.

1. 정신에 대한 육신의 저항(repugnantia)은 원죄의 타락으로부터 [생겨난다]. 그런데 이와 같은 저항의 뿌리는 살에 있다. 왜냐하면 사도는 로마서 7장 [23절]에서 "내 지체 안에는 다른 법이 있어 내 이성의 법과 대결하고 있음을 나는 봅니다."라고 말하기 때문이다. 그러므로 원죄는 1차적으로 살에 있다.

2. 무엇이든 결과보다 원인이 더 강력하다(potius). 그래서 열기는 뜨거운 물에서보다 가열하는 불에 더 있다. 그런데 영혼은 정액(semen carnale)을 통해 원죄에 오염된다. 그러므로 원죄는 영혼보다는 육신에 있다. 그러므로 원죄는 영혼에서보다 살에서 더 크다.

3. 우리가 [원조 안에] '종자적 원리¹에 따라' 있었던 만큼, 우리는 원조로부터 원죄를 걸머진다. 그런데 우리 영혼이 그 안에 있었던 것이 아니라, 단지 우리의 살만 있었다. 따라서 원죄는 영혼에 있는 것이 아니라 살에 있다.

4. 하느님이 창조한 이성혼은 육체에 주입된다. 그러므로 영혼이 원죄에 의해 영향을 받았다면, 그 결과 창조, 혹은 주입 때부터 오염되었을 것이다. 그래서 이렇게 영혼 창조와 주입을 한 하느님이 죄의 원인이다.

5. 지혜로운 사람은 그 어느 누구도 귀한 술을 [그것을 담을] 용기(用器)가 그 [술을] 변질시킬 것을 안다면, 그 [용기에] 붓지 않는다. 그런데 이성혼은 모든 술보다 더 귀한 것이다. 그래서 만약 영혼이 육체와 합일함으로써 원초적 죄과의 오염에 물들 수 있다면, 지혜 그 자체인 하느님이 결코 영혼을 그런 육체에 주입하지 않을 것이다. 그런데 [하느님은 영혼을 그런 육체에] 주입하지 않는다. 따라서 영혼은 살로 인해 오염되는 것이 아니다. 그러므로 이렇듯, 원죄는 영

ergo inquinatur ex carne. Sic igitur peccatum originale non est in anima, sed in carne.

SED CONTRA est quod idem est subiectum virtutis et vitii sive peccati, quod contrariatur virtuti. Sed caro non potest esse subiectum virtutis, dicit enim Apostolus, *ad Rom.* 7, [18]: *Scio quod*[2] *non habitat in me, hoc est in carne mea, bonum.* Ergo caro non potest esse subiectum originalis peccati, sed solum anima.

RESPONDEO dicendum quod aliquid potest esse in aliquo dupliciter, uno modo, sicut in causa, vel principali vel instrumentali; alio modo, sicut in subiecto. Peccatum ergo originale omnium hominum fuit quidem in ipso Adam sicut in prima causa principali; secundum illud Apostoli, *Rom.* 5, [12]: *In quo omnes peccaverunt.* In semine autem corporali est peccatum originale sicut in causa instrumentali, eo quod per virtutem activam seminis traducitur peccatum originale in prolem, simul cum natura humana. Sed sicut in subiecto, peccatum originale nullo modo potest esse in carne, sed solum in anima.

Cuius ratio est quia, sicut supra[3] dictum est, hoc modo ex voluntate primi parentis peccatum originale traducitur in posteros per quandam generativam motionem, sicut a voluntate alicuius hominis derivatur peccatum actuale ad alias partes eius. In qua quidem derivatione hoc potest attendi, quod quidquid

혼에 있는 것이 아니라 살에 있다.

[재반론] 덕과 그 덕에 상반되는 악습 혹은 죄의 주체는 동일하다. 그런데 살은 덕의 주체가 될 수 없다. 사도가 로마서 7장 [18절]에서 "내 안에, 곧 내 살 안에 선이 자리 잡고 있지 않음을 나는 압니다."[2] 라고 말했기 때문이다. 그러므로 살은 원죄의 주체가 될 수 없으며, 오로지 영혼만이 [원죄의 주체가 될 수 있다].

[답변] 어떤 것이 다른 것 안에는 두 가지 방식으로 존재할 수 있는데, 한 가지 방식은 원리적 원인 혹은 도구적 원인 안에 [있는 것]처럼 [존재하는 것이고], 다른 방식은 주체 안에 [있는 것]처럼 [존재하는 것]이라고 말해야 한다. 그래서 로마서 5장 [12절]에서 사도의 말에 따르면 "한 사람을 통하여… 모두 죄를 지었으므로" 모든 인간의 원죄는 말할 나위 없이 아담 안에 있었다. 원죄는 육체적 정액에 도구적 원인 안에 있는 것처럼 존재했었는데, 이는 정액의 능동적 힘(virtus)을 통해 후손에게 인간의 본성과 더불어 원죄가 전해지기 때문이다. 반면에 주체 안에 존재하는 방식으로는 원죄가 절대로 육신 안에 존재할 수 없고 오직 영혼 안에만 [존재할 수 있다].

그 까닭은 앞에서 언급한 것처럼,[3] 본죄가 어떤 사람의 의지로부터 다른 부분들로 전달되듯 원죄는 출산과 관련된 어떤 운동(generativa motio)에 의해 원조의 의지로부터 후손에게 전해지기 때문이다. 그런데 그 전달 과정에서, 죄에 빠진 의지의 운동(motio voluntatis peccati)

---

2. 대중 라틴말 성경에는 "quia"로 표기되어 있다.
3. q.81, a.1.

provenit ex motione voluntatis peccati ad quamcumque partem hominis quae quocumque modo potest esse particeps peccati, vel per modum subiecti vel per modum instrumenti,[4] habet rationem culpae, sicut ex voluntate gulae provenit concupiscentia cibi ad concupiscibilem, et sumptio cibi ad manus et os, quae inquantum moventur a voluntate ad peccatum, sunt instrumenta peccati. Quod vero ulterius derivatur ad vim nutritivam et ad interiora membra, quae non sunt nata moveri a voluntate,[5] non habet rationem culpae.

Sic igitur, cum anima possit esse subiectum culpae, caro autem de se non habeat quod sit subiectum culpae; quidquid provenit de corruptione primi peccati ad animam, habet rationem culpae; quod autem provenit ad carnem, non habet rationem culpae, sed poenae. Sic igitur anima est subiectum peccati originalis, non autem caro.

AD PRIMUM ergo dicendum quod, sicut Augustinus dicit in libro *Retract.*,[6] Apostolus loquitur ibi de homine iam redempto, qui liberatus est a culpa, sed subiacet poenae, ratione cuius peccatum dicitur *habitare in carne*.[7] Unde ex hoc non sequitur quod caro sit subiectum culpae, sed solum poenae.

AD SECUNDUM dicendum quod peccatum originale causatur ex semine sicut ex causa instrumentali. Non autem oportet quod aliquid sit principalius in causa instrumentali quam in effectu,

으로부터 생겨난 모든 것이 그 죄에 주체의 방식으로든 혹은 도구의 방식으로든[4] 참여할 수 있는(potest esse particeps peccati) 인간의 모든 부분들과 관련하여 죄과의 근거를 갖고 있음을 확인할 수 있다. 그래서 탐식의 의지로부터 음식을 향한 욕망이 욕정적 능력에 생겨나고, 음식의 섭취 활동이 손과 입에 일어나는데, 이런 것들은 죄를 향한 의지에 의해 움직이는 만큼 죄의 도구다. 그런데 애초에 의지에 의해 움직이지 않는 그 밖의 영양 섭취 능력과 내부 기관에서 일어나는 [능력은] 죄과의 근거를 갖지 않는다.[5]

이처럼 영혼은 죄과의 주체가 될 수 있는 데 반해, 살은 그 자체로 죄과의 주체가 아니기 때문에, 최초의 죄의 타락으로부터 영혼에 초래된 모든 것은 영혼과 관련하여 죄과의 근거를 갖는 데 반해, 살에 초래된 것은 죄과의 근거가 아니라 형벌(poena)의 근거를 갖는다. 그래서 영혼은 원죄의 주체인 반면에 살은 아니다.

[해답] 1. 아우구스티누스가 『재론고』[6]에서 말하듯, 사도는 그 구절에서 이미 구원되어 죄과에서는 벗어났지만 죄가 "지체 안에 있어"[7] 형벌을 받는 사람에 대해 논하고 있다. 그러므로 이로부터는 살은 죄과의 주체가 아니라, 오직 형벌[을 받는] 주체라는 결론이 도출된다.

2. 원죄는 도구적 원인으로부터 야기되는 것처럼 정액에 의해 야기된다고 말해야 한다. 반면에 어떤 것이 도구적 원인 안에서 결과 안

---

4. Cf. q.17, a.9.
5. Cf. q.17, a.9.
6. Augustinus, *Retract*, I, 26.
7. Cf. a sed c.

sed solum in causa principali.[8] Et hoc modo peccatum originale potiori modo fuit in Adam, in quo fuit secundum rationem actualis peccati.

AD TERTIUM dicendum quod anima huius hominis non fuit secundum seminalem rationem[9] in Adam peccante sicut in principio effectivo, sed sicut in principio dispositivo, eo quod semen corporale, quod ex Adam traducitur, sua virtute non efficit animam rationalem, sed ad eam disponit.[10]

AD QUARTUM dicendum quod infectio originalis peccati nullo modo causatur a Deo, sed ex solo peccato primi parentis per carnalem generationem. Et ideo, cum creatio importet respectum animae ad solum Deum,[11] non potest dici quod anima ex sua creatione inquinetur.—Sed infusio importat respectum et ad Deum infundentem, et ad carnem cui infunditur anima. Et ideo, habito respectu ad Deum infundentem, non potest dici quod anima per infusionem maculetur; sed solum habito respectu ad corpus cui infunditur.

AD QUINTUM dicendum quod bonum commune praefertur bono singulari. Unde Deus, secundum suam sapientiam, non praetermittit universalem ordinem rerum, qui est ut tali corpori talis anima infundatur, ut vitetur singularis infectio huius animae, praesertim cum natura animae hoc habeat, ut esse non incipiat nisi in corpore, ut in Primo[12] habitum est. Melius est

---

8. Cf. I, q.4, a.2.

에서보다 더 나을 필요는 없고, 다만 주요 원인에서만 그러면 된다.[8] 그래서 이런 식으로 아담 안에서 원죄는 더 중대하게 존재했는데, 그에게 원죄는 본죄의 특질에 따라 존재했기 때문이다.

3. 이 인간의 영혼은 종자적 원리에 따라[9] 죄를 지을 당시 아담에게 작용적 원리 안에 있는 방식이 아니라 예비적 원리 안에 있는 방식으로 존재했다. 왜냐하면 아담으로부터 전해진 육체적 정액은 그 자신의 능력으로는 이성혼을 내어 놓지 않고, 그것[이성혼]에 대한 태세만 갖추게 하기 때문이다.[10]

4. 원죄에 따른 오염은 절대로 하느님에 의해 야기된 것이 아니라, 오로지 원조의 죄로 인한 육욕에 물든 출산 활동을 통해 야기된 것이라고 말해야 한다. 그래서 창조는 오직 하느님만을 향한 영혼의 관계를 함축하므로,[11] 영혼이 창조로 인해 오염되었다고 말할 수 없다.—그런데 [영혼의] 주입은 [영혼을] 주입하는 하느님 및 영혼이 주입되는 살에 대한 영혼의 관계를 함축한다. 그렇기에 [영혼을] 주입하는 하느님과 관련해서는 영혼이 흠결을 입는다고 말할 수 없다. 오직 [영혼이] 주입되는 살과 관련해서만 영혼이 흠결을 입는다고 말할 수 있다].

5. 공동선은 개별적 선에 선행한다. 따라서 하느님은 개별 영혼(haec anima)의 특정한 오염을 면해 주기 위해, 더욱이 제1부에서 논했던 것[12]처럼 영혼의 본질상 육체 안에서가 아니면 존재하기 시작하지

---

9. I, q.81, a.4
10. Cf. I, q.118, a.1-2 즉 정액은 질료(생리혈, menstruum)가 영혼을 받아들일 수 있도록 준비시키는(disponere) 능력을 갖는다.
11. Cf. I, q.118, a.2
12. q.90, a.4; q.118, a3

autem ei sic esse secundum naturam, quam nullo modo esse, praesertim cum possit per gratiam damnationem evadere.

Articulus 2
Utrum peccatum originale sit per prius in essentia animae quam in potentiis

Ad secundum sic proceditur. Videtur quod peccatum originale non sit per prius in essentia animae quam in potentiis.

1. Anima enim nata est esse subiectum peccati, quantum ad id quod potest a voluntate moveri. Sed anima non movetur a voluntate secundum suam essentiam, sed solum secundum potentias. Ergo peccatum originale non est in anima secundum suam essentiam, sed solum secundum potentias.

2. Praeterea, peccatum originale opponitur originali iustitiae. Sed originalis iustitia erat in aliqua potentia animae, quae est subiectum virtutis. Ergo et peccatum originale est magis in potentia animae quam in eius essentia.

3. Praeterea, sicut a carne peccatum originale derivatur ad animam, ita ab essentia animae derivatur ad potentias. Sed

도 않기 때문에, 당신의 지혜로 영혼이 육체에 주입되는 것과 같은 사물들의 보편 질서를 간과하지 않는다. 또한 영혼에게는 이렇게 그 본성에 따라 존재하는 것이 전혀 존재하지 않는 것보다 좋으며, 특히 은총을 통해 단죄를 면할 수 있기에 더욱 그러하다.

제2절 원죄는 영혼의 능력보다는 영혼의 본질에 우선적으로 자리 잡고 있는가?

Parall.: *In Sent.*, II, d.31, q.2, a.1; *De verit.*, q.25, a.6; q.27, a.6, ad2; *De malo*, q.4, a.4.

[반론] 둘째에 대해서는 다음과 같이 진행된다. 원죄는 영혼의 능력보다 영혼의 본질에 우선적으로 자리 잡고 있는 것이 아닌 것처럼 보인다.

1. 영혼은 의지에 의해 움직여질 수 있다는 한에서 태생적으로 죄의 주체이다. 그런데 영혼은 그 본질에 따라 의지에 의해 움직이지 않으며 오로지 능력들에 따라 움직인다. 따라서 원죄는 그 본질에 따라서가 아니라 능력들에 따라서만 영혼 안에 있다.

2. 원죄는 본래적 의로움에 상반된다. 그런데 원초적 정의는 덕의 주체인 영혼의 어떤 능력 안에 있다. 따라서 원죄는 영혼의 본질보다 영혼의 능력과 더 많이 관련되어 있다.

3. 원죄는 살로 인해 영혼으로 전해지듯 영혼의 본질로부터 능력들로 전해진다. 그런데 원죄는 살보다 영혼과 더 많이 관련되어 있다. 따라서 영혼의 본질보다는 영혼의 능력과 더 많이 관련되어 있다.

peccatum originale magis est in anima quam in carne. Ergo etiam magis est in potentiis animae quam in essentia.

4. Praeterea, peccatum originale dicitur esse concupiscentia, ut dictum est.¹ Sed concupiscentia est in potentiis animae. Ergo et peccatum originale.

SED CONTRA est quod peccatum originale dicitur esse peccatum naturale, ut supra² dictum est. Anima autem est forma et natura corporis secundum essentiam suam, et non secundum potentias, ut in Primo³ habitum est. Ergo anima est subiectum originalis peccati principaliter secundum suam essentiam.

RESPONDEO dicendum quod illud animae est principaliter subiectum alicuius peccati, ad quod primo pertinet causa motiva illius peccati, sicut si causa motiva ad peccandum sit delectatio sensus, quae pertinet ad vim concupiscibilem sicut obiectum proprium eius, sequitur quod vis concupiscibilis sit proprium subiectum illius peccati.⁴ Manifestum est autem quod peccatum originale causatur per originem. Unde illud animae quod primo attingitur ab origine hominis, est primum subiectum originalis peccati. Attingit autem origo animam ut terminum generationis, secundum quod est forma corporis; quod quidem convenit ei secundum essentiam propriam, ut in Primo⁵ habitum est. Unde anima secundum essentiam est primum subiectum originalis peccati.

4. 앞서 언급했듯이,[1] 원죄를 욕망이라 일컫는다. 그런데 욕망은 영혼의 능력과 관계된 것이다. 따라서 원죄도 그렇다.

[재반론] 앞서 언급했듯,[2] 원죄를 본성적 죄라고 일컫는다. 그런데 제1부에서 다루었듯,[3] 영혼은 그 능력이 아니라 본질에 따라 육체의 형상이자 본성이다. 그러므로 영혼은 우선적으로(principaliter) 그 본질에 따라 원죄의 주체다.

[답변] 죄를 일으키는 원인이 욕정적 힘(vis)의 대상이 됨으로써 욕정적 힘에 귀속되는 감각적 쾌락일 경우 그에 따라 욕정적 힘이 그 죄의 고유한 주체가 되는 것처럼, 어떤 죄를 일으키는 원인이 처음으로 관계를 맺는 것이 그 죄의 1차적 주체라고 말해야 한다.[4] 그런데 원죄가 기원의 방식을 통해서 초래된다는 것은 명백하다. 따라서 인간의 기원과 가장 먼저 접촉한 영혼의 부분이 원죄의 1차적 주체다. 그런데 영혼은 육체적 형상이기에 출생의 종점으로서 기원과 마주치게 된다. 그런데 이것[=영혼이 육체의 형상이라는 사실]은 제1부에서 확인했듯이[5] 그 고유한 본질상 영혼에 부합한다. 따라서 영혼은 그 본질에 따라 원죄의 1차적 주체다.

---

1. q.82, a.3.
2. q.81, a.1.
3. I, q.76, a.6.
4. Cf. q.74, a.3.
5. q.76, a.6.

AD PRIMUM ergo dicendum quod, sicut motio voluntatis alicuius propriae pervenit ad potentias animae, non autem ad animae essentiam; ita motio voluntatis primi generantis, per viam generationis, pervenit primo ad animae essentiam, ut dictum est.[6]

AD SECUNDUM dicendum quod etiam originalis iustitia pertinebat primordialiter ad essentiam animae, erat enim donum divinitus datum humanae naturae, quam per prius respicit essentia animae quam potentiae. Potentiae enim magis videntur pertinere ad personam, inquantum sunt principia personalium actuum. Unde sunt propria subiecta peccatorum actualium, quae sunt peccata personalia.

AD TERTIUM dicendum quod corpus comparatur ad animam sicut materia ad formam,[7] quae etsi sit posterior ordine generationis, est tamen prior ordine perfectionis et naturae. Essentia autem animae comparatur ad potentias sicut subiecta ad accidentia propria,[8] quae sunt posteriora subiecto et ordine generationis et etiam perfectionis. Unde non est similis ratio.

AD QUARTUM dicendum quod concupiscentia se habet materialiter et ex consequenti in peccato originali, ut supra dictum est.[9]

---

6. 본 절의 답변. (*추가주) 아담의 경우, 인격이 본성을 타락시켰다. 그래서 그 안에서 그의 본질보다는 그의 영혼의 능력이 타락했다. 그러나 아담에게서 나온 인간의 경우 본성이 인격을 타락시켰다. 그런 까닭에 그에게서 영혼의 능력보다는 그의 본질이 우선적으로 타락했다.(De Malo, q.4, a.4, ad5)

[해답] 1. 앞에서도 언급했듯이,⁶ 어떤 이의 고유한 의지의 운동이 영혼의 능력들에는 이르지만 영혼의 본질에는 이르지 않는 것처럼, 원조의 의지의 운동은 생식이라는 길을 통해 먼저 영혼의 본질에 이른다.

2. 본래적 의로움은 인간 본성에 대한 하느님의 은사로서 영혼의 본질이 그 능력에 앞서 관계를 맺고 있었기 때문에 본래적으로 영혼의 본질에 속했었다고 말해야 한다. 왜냐하면 능력들은 인격적 행위의 원리인 그만큼 인격에 귀속하는 것으로 보이기 때문이다. 그러므로 영혼의 능력들은 인격적 죄인 본죄의 주체다.

3. 영혼에 대한 육체의 관계는 형상에 대한 질료의 관계와 같은데,⁷ 형상은 발생의 순서에서는 뒤처지지만 완전성과 본성의 질서에서는 앞선다. 그러나 능력들에 대한 영혼의 본질의 관계는 고유한 우유들에 대한 주체의 관계와 같고,⁸ 그 우유들은 발생의 질서에서나 완전성의 질서에서나 주체에 뒤처진다. 그러므로 비교는 성립되지 않는다.

4. 앞에서도 언급했듯이,⁹ 욕망은 원죄에 대하여 질료로서 그리고 결과로서 관련된다.

---

7. Cf. I, q.76, a.1.
8. Cf. I, q.77, a.1, ad5.
9. q.82, a.3.

Articulus 3
Utrum peccatum originale per prius inficiat voluntatem quam alias potentias

Ad tertium sic proceditur. Videtur quod peccatum originale non per prius inficiat voluntatem quam alias potentias.

1. Omne enim peccatum principaliter pertinet ad potentiam per cuius actum causatur. Sed peccatum originale causatur per actum generativae potentiae. Ergo inter ceteras potentias animae, videtur magis pertinere ad generativam potentiam.

2. Praeterea, peccatum originale per semen carnale traducitur. Sed aliae vires animae propinquiores sunt carni quam voluntas, sicut patet de omnibus sensitivis, quae utuntur organo corporali. Ergo in eis magis est peccatum originale quam in voluntate.

3. Praeterea, intellectus est prior voluntate, non enim est voluntas nisi de bono intellecto. Si ergo peccatum originale inficit omnes potentias animae, videtur quod per prius inficiat intellectum, tanquam priorem.

Sed contra est quod iustitia originalis per prius respicit voluntatem, est enim *rectitudo voluntatis*, ut Anselmus dicit, in libro *de Conceptu Virginali*.[1] Ergo et peccatum originale, quod ei opponitur, per prius respicit voluntatem.

제3절 원죄는 [영혼의] 다른 능력에 앞서 의지를 오염시키는가?

Parall.: *In Sent*., II, d.30, q.1, a.3; *De verit*., q.25, a.6; *De malo*, q.4, a.5.

[반론] 셋째에 대해서는 다음과 같이 진행된다. 원죄는 다른 부분들에 앞서 의지를 오염시키는 것처럼 보이지 않는다.

1. 모든 죄는 그것의 작용으로 그 죄가 야기된 능력에 우선적으로 속한다. 그런데 원죄는 생식능력의 작용이 야기한다. 따라서 원죄는 영혼의 다른 능력보다 생식능력에 더 많이 속하는 것처럼 보인다.

2. 원죄는 육적인 씨앗(정액)을 통해 전해진다. 그런데 육체적 기관을 사용하는 모든 감각적인 힘들로부터 드러나듯 다른 영혼의 힘들은 의지보다 살에 더 밀접하다. 따라서 원죄는 의지보다 이들에게 더 많이 있다.

3. 지성은 의지에 앞선다. 왜냐하면 의지는 오로지 이해된 선만을 대상으로 삼기 때문이다. 그러므로 원죄가 영혼의 모든 능력을 오염시킨다면 지성이 우선하는 그만큼 먼저 [지성부터] 오염시킬 것이다.

[재반론] 본래적 의로움은 우선적으로 의지에 관계된다. 왜냐하면 안셀무스가 『동정녀의 잉태에 관하여』[1]에서 말했듯, 그것이 "의지의 올바름"이기 때문이다. 따라서 이에 상반되는 원죄도 우선적으로 의지와 연관된다.

---

1. Cap.3(PL 158, 436); Cf. I, q.95, a.1.

q.83, a.3

Respondeo dicendum quod in infectione peccati originalis duo est considerare. Primo quidem, inhaerentiam[2] eius ad subiectum, et secundum hoc primo respicit essentiam animae, ut dictum est.[3] Deinde oportet considerare inclinationem eius ad actum, et hoc modo respicit potentias animae. Oportet ergo quod illam per prius respiciat, quae primam inclinationem habet ad peccandum. Haec autem est voluntas, ut ex supradictis[4] patet. Unde peccatum originale per prius respicit voluntatem.

Ad primum ergo dicendum quod peccatum originale non causatur in homine per potentiam generativam prolis, sed per actum potentiae generativae parentis. Unde non oportet quod sua potentia generativa sit primum subiectum originalis peccati.

Ad secundum dicendum quod peccatum originale habet duplicem processum, unum quidem a carne ad animam; alium vero ab essentia animae ad potentias.[5] Primus quidem processus est secundum ordinem generationis, secundus autem secundum ordinem perfectionis. Et ideo quamvis aliae potentiae, scilicet sensitivae, propinquiores sint carni; quia tamen voluntas est propinquior essentiae animae, tanquam superior potentia, primo pervenit ad ipsam infectio originalis peccati.

Ad tertium dicendum quod intellectus quodam modo praecedit voluntatem, inquantum proponit ei suum obiectum. Alio vero modo voluntas praecedit intellectum, secundum

[답변] 원죄의 오염과 관련하여 두 가지를 고찰해야 한다고 말해야 한다. 먼저 주체에 대한 내속[2]과 관련되는 것을 [고찰해야 하는데], 이에 따르면 앞서 언급했듯,[3] 먼저 [원죄는] 영혼의 본질과 관계된다. 그다음으로 작용에 대한 [원죄의] 경향성을 반드시 고찰해야 하는데, 이런 방식으로 [원죄는] 영혼의 능력들과 연관된다. 따라서 죄지음에 대한 1차적 경향성을 갖는 것과 우선적으로 연관되어야 한다. 그런데 위에서 확인한 것처럼[4] 그것은 바로 의지다. 그러므로 원죄는 우선적으로 의지와 연관되어 있다.

[해답] 1. 인간과 관련하여 자식의 생식능력이 원죄를 야기되는 것이 아니라 부모의 생식능력의 행위에 의해 야기된다고 말해야 한다. 따라서 자식의 생식능력은 원죄의 1차적 주체가 아니다.

2. 원죄는 이중적인 경로로 전해지는데, 그중 하나는 살에서 영혼으로, 그리고 다른 하나는 영혼의 본질로부터 능력으로 전해진다고 말해야 한다.[5] 첫 번째 진행은 발생의 질서에 따른 것인 데 반해, 두 번째 질서는 완전성의 질서에 따른 것이다. 그래서 다른 능력들, 예컨대 감각적 능력이 살에 더 가까울지 모르지만 의지가 더 탁월한 능력으로서 영혼의 본질에 더 가깝기 때문에 원죄의 오염은 우선적으로 의지에 속한다.

3. 지성은 의지에 대상을 제시하는 한에서, 어떤 면에서는 의지를

---

2. 실체에 대한 우유 혹은 속성의 관계.
3. a.2.
4. q.74, aa.1-2.
5. Cf. a.2, ad3.

ordinem motionis ad actum,[6] quae quidem motio pertinet ad peccatum.

Articulus 4
Utrum praedictae potentiae sint magis infectae quam aliae

Ad quartum sic proceditur. Videtur quod praedictae potentiae[1] non sint magis infectae quam aliae.

1. Infectio enim originalis peccati magis videtur pertinere ad illam animae partem quae prius potest esse subiectum peccati. Haec autem est rationalis pars, et praecipue voluntas. Ergo ipsa est magis infecta per peccatum originale.

2. Praeterea, nulla vis animae inficitur per culpam, nisi inquantum potest obedire rationi. Generativa autem non potest obedire, ut dicitur in I *Ethic.*[2] Ergo generativa non est maxime infecta per originale peccatum.

---

6. Cf. q.9, a.1, et I, q.82, a.4.

앞선다고 말해야 한다. [한편] 행위를 향한 운동의 질서에 따라서는[6] 의지가 지성을 앞서는데, 이 가운데 어떤 운동은 죄에 속한다.

제4절 앞에서 다룬 능력들은 다른 것들보다 더 오염되는가?

Parall.: *In Sent.*, II, d.31, q.2, a.2; *De verit.*, q.25, a.6; q.27, a.6; *De malo*, q.4, a.2, ad12; a.5, ad1.

[반론] 넷째에 대해서는 다음과 같이 진행된다. 앞에서 언급한 능력[1] 들이 다른 것들보다 더 오염되지 않은 것으로 보인다.

1. 원죄의 오염은 우선적으로 죄의 주체가 되는 영혼의 부분에 더 많이 속하는 것으로 보인다. 그런데 이런 것[=우선적으로 죄의 주체가 되는 부분]이 바로 이성적인 부분이고, 특히 의지이다. 따라서 의지는 원죄를 통해 더 많이 오염된다.

2. 영혼의 어떤 힘도 이성에 복종할 수 없는 그만큼 죄과를 통해 오염되지 않는다. 그런데 생식능력은 『니코마코스 윤리학』 제1권[2]에서 언급하듯 이성에 복종하지 못한다. 따라서 생식능력은 원죄에 가장 오염된 것이 아니다.

---

1. Cf. q.83, Introd.
2. Aristoteles, *Ethica Nic.*, I, 13, 1102b29: "한 부분은 식물적인 것으로 이성을 결코 함께 나누어 가지고 있지 않지만…." 성 토마스의 주해는 *In Ethic.*, lect.20, n.240.

3. Praeterea, visus inter alios sensus est spiritualior et propinquior rationi, inquantum *plures differentias rerum ostendit*, ut dicitur in I *Metaphys*.³ Sed infectio culpae primo est in ratione. Ergo visus magis est infectus quam tactus.

SED CONTRA est quod Augustinus dicit, in XIV *de Civ. Dei*,⁴ quod infectio originalis culpae maxime apparet in motu genitalium membrorum, qui rationi non subditur.⁵ Sed illa membra deserviunt generativae virtuti in commixtione sexuum, in qua est delectatio secundum tactum, quae maxime concupiscentiam movet. Ergo infectio originalis peccati maxime pertinet ad ista tria, scilicet potentiam generativam, vim concupiscibilem et sensum tactus.

RESPONDEO dicendum quod illa corruptio praecipue infectio nominari solet, quae nata est in aliud transferri, unde et morbi contagiosi, sicut lepra et scabies et huiusmodi, infectiones dicuntur. Corruptio autem originalis peccati traducitur per actum generationis, sicut supra⁶ dictum est. Unde potentiae quae ad huiusmodi actum concurrunt, maxime dicuntur esse infectae. Huiusmodi autem actus deservit generativae, inquantum ad generationem ordinatur, habet autem in se delectationem tactus, quae est maximum obiectum concupiscibilis. Et ideo, cum omnes partes animae dicantur esse corruptae per peccatum

3. 시각은 『형이상학』 제1권³에서 언급했듯 "사물들의 많은 차이점을 밝혀 준다"는 점에서 다른 모든 감각들보다 더 정신적이며 이성에 가깝다. 그런데 죄과의 오염은 먼저 이성과 관계된다. 따라서 시각은 촉각보다 더 오염된다.

[재반론] 아우구스티누스가 『신국론』 제14권⁴에서 말하듯 원죄의 오염은 이성에 복종하지 않는 생식기관에서 가장 극명하게 드러났다.⁵ 그런데 저런 기관들은 성교에서 생식능력에 종사하는데, 그 안에는 욕망을 가장 강력하게 움직이는 촉각에 따른 쾌감이 있다. 그러므로 원죄의 오염은 우선적으로 세 가지, 즉 생식능력, 욕정적 힘, 그리고 촉각과 관계된다.

[답변] 마치 나병과 옴 등 옮아 다니는 질병을 전염성(傳染性)을 가졌다고 일컫는 것처럼, 그런 부패는 무엇보다도 본성적으로 다른 [주체]에게 옮아가기에 특히 오염(infectio)이라 일컫는다. 그런데 앞서 언급했듯⁶ 원죄의 타락은 출산 행위로 전해진다. 그러므로 이와 같은 행위에 함께하는 능력도 전염되었다고 말한다. 그런데 이 행동은 출산으로 질서 지어져 있는 만큼 출산 능력에 종사하며 그 안에 욕정

---

3. Aristoteles, *Metaphys.*, I, 1, 980a27. 우리말 번역은 아리스토텔레스, 『형이상학』, 조대호 옮김, 나남, 2012를 따름. 성 토마스의 주해는 *In Metaph.*, lect.1, n.8.
4. Augustinus, *De civitate Dei*, XIV, 20: "최초 인간의 불순종으로 육체의 국부가 오로지 자체의 움직임으로만 좌우되고 의지의 권하에서 벗어났으니, 이것만으로도 인간의 첫 번 불순종에 내린 응보가 무엇이었는지 드러나고도 남는다."(우리말 번역은 아우구스티누스, 『신국론』, 성염 옮김, 분도출판사, 2004를 따름)
5. Cf. q.17, a.9
6. q.81, a.1.

originale, specialiter tres praedictae dicuntur esse corruptae et infectae.⁷

A<small>D PRIMUM</small> ergo dicendum quod peccatum originale ex ea parte qua inclinat in peccata actualia, praecipue pertinet ad voluntatem, ut dictum est.⁸ Sed ex ea parte qua traducitur in prolem, pertinet propinque ad potentias praedictas, ad voluntatem autem remote.

A<small>D SECUNDUM</small> dicendum quod infectio actualis culpae non pertinet nisi ad potentias quae moventur a voluntate peccantis. Sed infectio originalis culpae non derivatur a voluntate eius qui ipsam contrahit, sed per originem naturae, cui deservit potentia generativa. Et ideo in ea est infectio originalis peccati.

A<small>D TERTIUM</small> dicendum quod visus non pertinet ad actum generationis nisi secundum dispositionem remotam, prout scilicet per visum apparet species concupiscibilis. Sed delectatio perficitur in tactu. Et ideo talis infectio magis attribuitur tactui quam visui.

---

7. (*추가주) 원죄의 원인은 출산이라는 활동인데, 이 [활동]은 실로 이를 이행시키는 것과 관계 맺듯 생식능력과, 욕구하고 지배하는 것에 관계 맺듯 욕망과, 마치 쾌락을 느끼고 전하는 것과 관계 맺듯 감각 및 촉각과 관계를 맺는다. 따라서 원죄의 오염은 우선적으로 이런 능력들에 마치 원인 안에 있듯이 실질적으로(virtute) 있다고 논하되, 고유한 주체에 있듯이 있다고 논하지 않는다. *De Malo*, q.4, a.5, ad1.

의 가장 강렬한 대상인 촉각의 쾌락을 갖는다. 그런 까닭에 모든 영혼의 부분들이 원죄에 의해 부패하지만, 특별히 앞서 언급한 세 능력이 부패하고 오염되었다고 말한다.[7]

[해답] 1. 앞서 언급했듯[8] 본죄로 기울게 한다는 점에서 원죄는 우선적으로 의지에 속한다고 말해야 한다. 그런데 후손에게 전해지는 점에서 [원죄는] 앞서 언급한 능력들에 가까이 관계하되, 반면에 의지와는 멀리 관계를 맺는다.

2. 본죄에 의한 오염은 오로지 죄지은 자의 의지에 의해 움직여진 능력에만 관계한다. 그러나 원죄에 의한 오염은 원죄를 걸머진 자의 의지로부터 전해지는 것이 아니라 생식능력의 결과인 그의 자연적 기원을 통해 전해진다.

3. 시각은 욕정을 불러일으키는 상(species concupiscibilis)이 시각을 통해 나타나게 되는 만큼 오로지 먼 태세(dispositio remota)에 의해서만 출산 활동과 연관된다. 그런데 쾌락은 촉각 안에서 완성된다. 그러므로 이 오염은 시각보다는 촉각에 더 귀속된다.

---

8. a.3.

q.84

QUAESTIO LXXXIV
DE CAUSA PECCATI SECUNDUM QUOD UNUM PECCATUM ALTERIUS PECCATI CAUSA EST
in quatuor articulos divisa

Deinde considerandum est de causa peccati secundum quod unum peccatum est causa alterius.[1]

Et circa hoc quaeruntur quatuor.

Primo: utrum cupiditas[2] sit radix omnium peccatorum.

Secundo: utrum superbia sit initium omnis peccati.

Tertio: utrum praeter superbiam et avaritiam, debeant dici capitalia vitia[3] aliqua specialia peccata.

Quarto: quot et quae sint capitalia vitia.

---

1. 76문 도입부 참조.
2. 토마스를 비롯하여 여러 스콜라 철학자들은 종종 "탐욕"(cupiditas)을 칠죄종(七罪宗, septem peccata capitales) 중 무절제하게 많이 취하려고만 하는 지나친 욕심인 탐식(貪食, gula)과 이웃과 나누지 않는 지나친 욕심인 인색(吝嗇, avaritia)을 포괄하는 개념, 즉 물질적인 것들에 대한 지나친 욕심으로 이해하고 있다.

제84문
어떤 죄가 다른 죄의 원인이 되는 데 따른 죄의 원인에 대하여
(전4절)

이제 어떤 죄가 다른 죄의 원인이 되는 데 따른 죄의 원인에 대해서 고찰해야 한다.[1]

이와 관련하여 네 가지 문제가 제기된다.

첫째, 탐욕(貪慾, cupiditas)[2]은 모든 죄의 뿌리인가?

둘째, 교만(驕慢, superbia)은 모든 죄의 단초(端初, initium)인가?

셋째, 교만과 인색(吝嗇, avaritia) 외에 다른 특수한 죄들도 죄종[3]이라 불러야 하는가?

넷째, 죄종은 몇 가지이며 어떤 것인가?

---

3. 본 절에서 "crimen", "vitium", "peccatum"은 의미의 외연(外延)이 겹친다. 이에 따라 "peccata capitales"와 "crimina capitales"를 "죄종"(罪宗)으로, "vitia capitales"는 죄원(罪源)으로 새기는 관행도 있지만 본서에서는 특별한 의미의 차이가 드러나지 않는 이상, 이들을 모두 "죄종"으로 새길 것이다. 이와 같은 역어 선택에 대해서는 또한 이상섭, 『악과 죄종: 토마스 아퀴나스의 '악에 대한 토론문제집' 풀어 읽기』, 서강대학교출판부, 2021, 282쪽, 특히 각주 245 참조.

Articulus 1
Utrum cupiditas sit radix omnium peccatorum

Ad primum sic proceditur. Videtur quod cupiditas non sit radix omnium peccatorum.

1. Cupiditas enim, quae est immoderatus appetitus divitiarum, opponitur virtuti liberalitatis. Sed liberalitas non est radix omnium virtutum. Ergo cupiditas non est radix omnium peccatorum.

2. Praeterea, appetitus eorum quae sunt ad finem,[1] procedit ex appetitu finis. Sed divitiae, quarum appetitus est cupiditas, non appetuntur nisi ut utiles ad aliquem finem, sicut dicitur in I *Ethic.*[2] Ergo cupiditas non est radix omnis peccati, sed procedit ex alia priori radice.

3. Praeterea, frequenter invenitur quod avaritia, quae cupiditas nominatur, oritur ex aliis peccatis, puta cum quis appetit pecuniam propter ambitionem, vel ut satisfaciat gulae.[3] Non ergo est radix omnium peccatorum.

SED CONTRA est quod dicit Apostolus, *I ad Tim.* ult. [10]: *Radix omnium malorum est cupiditas.*[4]

---

1. 수단에 대한 욕구(appetitus instrumentorum).
2. Aristoteles, *Ethica Nic.*, I, 3, 1096a 7-10; S. Thomas, *In Ethic.*, lect.5, nn.72-73.

제1절 탐욕은 모든 죄의 뿌리인가?

Parall.: II-II, q.119, a.2, ad1; *In Sent.*, II, d.5, q.1, a.3; d.22, q.1, a.1 ad7; d.42, q.2, a.1; a.3, ad1; *De malo*, q.8, a.1, ad1; *In Ep. I ad Tim*, c.6, lec.2.

[반론] 첫째는 다음과 같이 진행된다. 탐욕은 모든 죄악의 뿌리로 보이지 않는다.

1. 부에 대한 무절제한 욕구(appetitus)인 탐욕은 아량(liberalitas)이라는 덕에 대립한다. 그런데 아량은 모든 덕의 뿌리가 아니다. 따라서 탐욕은 모든 죄의 뿌리가 아니다.

2. 목적을 향하는 과정에 있는 것들에 대한 욕구(appetitus eorum quae sunt ad finem)[1]는 목적에 대한 욕구로부터 나온다. 하지만 『니코마코스 윤리학』 제1권에서 말하듯[2] 부는, 그에 대한 욕구가 탐욕인데, 어떤 목적을 위해 유용하지 않다면 욕구의 대상이 되지 않는다. 따라서 탐욕은 모든 죄들의 뿌리가 아니다.

3. [우리는] 탐욕이라 불리기도 하는 인색이 종종 다른 죄악들로부터, 가령 야심으로 인해 금전을 욕구하거나 탐식(貪食, gula)[3]을 만족시키는 사람의 경우에서 발생함을 확인한다. 그러므로 [탐욕은] 모든 죄의 뿌리가 아니다.

[재반론] 사도는 티모테오 1서에서 "돈[4]을 사랑하는 것이 모든 악의 뿌리입니다."라고 말한다.

---

3. 칠죄종 중 하나로 본래 뜻은 식욕(食慾)이다. 그러나 칠죄종 중 하나로 논할 때 "gula"는 음식 외에도 필요 이상으로 재물을 취하고자 하는 지나친 욕심도 포함하고 있다.
4. 1티모 6,10. '탐욕'(cupiditas)으로 번역하는 그리스어 원어('philauguria')에서는 '돈을 사랑한다'는 뜻이 잘 드러난다.

q.84, a.1

Respondeo dicendum quod secundum quosdam[5] cupiditas multipliciter dicitur. Uno modo, prout est appetitus inordinatus divitiarum. Et sic est speciale peccatum.—Alio modo, secundum quod significat inordinatum appetitum cuiuscumque boni temporalis. Et sic est genus omnis peccati, nam in omni peccato est inordinata conversio ad commutabile bonum, ut dictum est.[6]—Tertio modo sumitur prout significat quandam inclinationem naturae corruptae ad bona corruptibilia inordinate appetenda. Et sic dicunt cupiditatem esse radicem omnium peccatorum, ad similitudinem radicis arboris, quae ex terra trahit alimentum, sic enim ex amore rerum temporalium omne peccatum procedit.[7]

Et haec quidem quamvis vera sint, non tamen videntur esse secundum intentionem Apostoli, qui dixit cupiditatem esse radicem omnium peccatorum. Manifeste enim ibi loquitur contra eos qui, *cum velint divites fieri, incidunt in tentationes et in laqueum Diaboli, eo quod radix omnium malorum est cupiditas*:[8] unde manifestum est quod loquitur de cupiditate secundum quod est appetitus inordinatus divitiarum. Et secundum hoc, dicendum est quod cupiditas, secundum quod est speciale peccatum, dicitur radix omnium peccatorum, ad similitudinem radicis arboris, quae alimentum praestat toti arbori. Videmus

---

5. Albertus Magnus, *Commentaria in secundum librum Sententiarum*, A. Borgnet(ed.), Paris: Vivès, 1894, dist.42, a.8(BO 27, 667): "탐욕은 사라질 선에 대한 습성적 욕망에 유혹적인 욕구를 통해 양분을 제공하는 뿌리라고 일반적으로 고찰된다."

제84문 제1절

[답변] 어떤 이들⁵은 탐욕을 세 가지 방식으로 논한다. 첫째 방식은 부에 대한 무질서한 욕구로서 논한다. 이런 방식[의 논의]에서 [탐욕은] 특수한 죄(peccatum speciale)다. 다른 방식으로는 모든 현세적 선에 대한 무질서한 욕구로서 논한다. 이런 방식[의 논의]에서 [탐욕은] 모든 죄[를 아우르는] 유(類, genus)이다. 앞서 언급했듯⁶ 모든 죄에는 가변적 선을 향한 무질서한 눈 돌림(conversio)이 있기 때문이다.—셋째 방식으로는 무질서한 욕구의 대상으로 삼은 부패 가능한(corruptibile) 선을 향한 부패한 본성의 어떤 경향(inclinatio)을 뜻하는 것으로서 논한다. 이런 방식[의 논의]로 그들은 현세적인 것들에 대한 사랑으로부터 모든 죄가 나오기 때문에, 땅으로부터 양분을 끌어올리는 나무의 뿌리에 견주어 [탐욕이] 모든 죄의 뿌리라고 말한다.⁷

그런데 이 모든 것이 참이기는 해도, 사도가 탐욕은 모든 악의 뿌리라고 말할 때 그가 의도했던 바를 따른 것처럼 보이지는 않는다. 여기에서 [사도는] 부자가 되기를 바라다가 악마의 유혹과 올가미에 떨어지는 사람들을 거슬러 "돈을 사랑하는 것이 모든 악의 뿌리입니다."라고 분명히 말하기 때문이다.⁸ 따라서 그가 부를 향한 무질서한 욕구로서 탐욕에 대해 말하고 있음은 명백하다. 그래서 이로부터 특수한 죄로서의 탐욕은, 모든 나무에 양분을 제공하는 나무의

---

6. q.72, a.2.
7. Albertus Magnus, Ibid; Petrus Lombardus, *Sent.*, II, dist.42 cap.8.
8. 1티모 6,9-10: "부자가 되기를 바라는 자들은 사람들을 파멸과 멸망에 빠뜨리는 유혹과 올가미와 어리석고 해로운 갖가지 욕망에 떨어집니다." 대중 라틴말 성경의 문구는 다음과 같다. "qui volunt divites fieri incidunt in temptationem et laqueum et desideria maulta inutilia et nociva quae mergunt homines in teritum et perditionem. Radix enim omnium malorum est cupiditas."

enim quod per divitias homo acquirit facultatem perpetrandi quodcumque peccatum, et adimplendi desiderium cuiuscumque peccati, eo quod ad habenda quaecumque temporalia bona, potest homo per pecuniam iuvari; secundum quod dicitur *Eccle.* 10, [19]: *Pecuniae obediunt omnia.*[9] Et secundum hoc, patet quod cupiditas divitiarum est radix omnium peccatorum.[10]

AD PRIMUM ergo dicendum quod non ab eodem oritur virtus et peccatum. Oritur enim peccatum ex appetitu commutabilis boni, et ideo appetitus illius boni quod iuvat ad consequenda omnia temporalia bona, radix peccatorum dicitur. Virtus autem oritur ex appetitu incommutabilis boni, et ideo caritas, quae est amor Dei, ponitur radix virtutum;[11] secundum illud *Ephes.* 3,[17]: *In caritate radicati et fundati.*

AD SECUNDUM dicendum quod appetitus pecuniarum dicitur esse radix peccatorum, non quia divitiae propter se quaerantur, tanquam ultimus finis, sed quia multum quaeruntur ut utiles ad omnem temporalem finem. Et quia universale bonum est appetibilius quam aliquod particulare bonum, ideo magis movent appetitum quam quaedam bona singularia, quae simul cum multis aliis per pecuniam haberi possunt.

---

9. 코헬 10,19.
10. 어떤 면에서 부에 대한 탐욕은 죄종일 수 있다. Cf. a.4 et II-II, q.118, a.7.

뿌리에 견주어, 죄의 뿌리라 일컫는다고 말해야 한다. 코헬렛 10장[9]에 따르면 "모든 것이 돈에 복종"하듯이 인간이 돈으로 그 어떤 현세적 선도 소유하도록 할 수 있기에, 부를 통해 인간이 이런저런 죄를 저지르고, 이런저런 죄를 향한 갈망(渴望, desiderium)을 채울 기관(facultas)을 획득한다는 것을 우리가 확인하기 때문이다. 그래서 이에 따라 부에 대한 탐욕이 모든 죄의 뿌리임이 드러난다.[10]

[해답] 1. 덕과 죄는 동일한 원천에서 나오는 것이 아니라고 말해야 한다. 죄는 가변적 선에 대한 욕구에서 기원하기 때문이며, 그런 까닭에 그런 선에 대한 욕구가 모든 현세적 선의 추구를 거들므로 그것을 죄의 뿌리라 부른다. 그런데 덕은 불변하는 선에 대한 욕구로부터 발원하기에, 에페소서 3장[17절]의 "참사랑에 뿌리를 내리고 그것을 기초로 삼아"에 따르면 하느님에 대한 사랑인 참사랑(愛德, caritas)은 덕들의 뿌리로 간주된다.[11]

2. 부를 그 자체 궁극적 목적으로서 추구하기 때문이라기보다 모든 현세적 목적에 대해 유용한 것으로서 많이 추구하기 때문에 돈에 대한 욕구를 죄의 뿌리라 일컫는다. 그리고 보편 선은 여러 다른 것들과 함께 돈으로 가질 수 있는 특정 개별 선보다 더 욕구할 만하기 때문에, 이에 따라 어떤 개별 선들보다 훨씬 더 욕구를 움직인다.

---

11. Cf. q.62, a.4; q.65, a.5, ad2; q.71, a.4; II-II, q.23, a.8, ad2. '참사랑'은 넓은 의미에서는 하느님의 사랑에 응답하며 그 사랑에 머무는 것을 뜻하며, 좁은 의미에서는 하느님을 사랑하는 습성적 태세(dispositio habitualis)를 뜻하는데, 본 절에서의 의미는 후자에 가깝다.

AD TERTIUM dicendum quod, sicut in rebus naturalibus non quaeritur quid semper fiat, sed quid in pluribus accidit, eo quod natura corruptibilium rerum impediri potest, ut non semper eodem modo operetur; ita etiam in moralibus consideratur quod ut in pluribus est, non autem quod est semper, eo quod voluntas non ex necessitate operatur. Non igitur dicitur avaritia radix omnis mali, quin interdum aliquod aliud malum sit radix eius, sed quia ex ipsa frequentius alia mala oriuntur, ratione praedicta.[12]

Articulus 2
Utrum superbia sit initium omnis peccati

Ad secundum sic proceditur. Videtur quod superbia non sit initium omnis peccati.

1. Radix enim est quoddam principium arboris, et ita videtur idem esse radix peccati et initium peccati. Sed cupiditas est radix omnis peccati, ut dictum est.[1] Ergo ipsa etiam est initium omnis peccati, non autem superbia.

---

12. 답변과 제2답.

3. 부패하는 것의 본성이 방해받을 수 있고 그 결과 항상 같은 방식으로 작용하지 않는 까닭에 자연적 사물과 관련하여 항상 일어나는 일을 탐구하지 않고 다수의 경우에 일어나는 것을 탐구하듯이, 도덕적인 것들과 관련해서도 의지가 필연성에 의해 작용하는 것은 아닌 까닭에 항상 일어나는 것보다는 다수의 경우에(in pluribus) 일어나는 것들을 고찰한다. 따라서 앞서 언급한 근거에 의거 때때로 어떤 다른 악이 그것의 뿌리가 되지 않아서라기보다는 다른 악들이 인색으로부터 더 자주 기원하기 때문에 인색을 악의 뿌리라고 일컫는다.[12]

제2절 교만은 모든 죄의 단초인가?

Parall.: II-II, q.162, a.2; a.5, ad1; *In Sent.*, II, d.5, q.1, a.3; d.42, q.2, a.1, ad7; a.3, ad1; *De malo*, q.8, a.1, ad1&ad16; *In Ep. II ad Cor.*, c.12, lec.3; *In Ep. I ad Tim*, c.6, lec.2.

[반론] 둘째에 대해서는 다음과 같이 진행된다. 교만은 모든 죄의 단초로 보이지 않는다.

1. 뿌리는 나무의 원리이고, 따라서 죄의 뿌리와 단초는 동일한 것처럼 보이기 때문이다. 그런데 탐욕은 이미 언급했듯이[1] 모든 죄의 뿌리다. 따라서 교만이 아니라 탐욕이 죄의 단초다.

---

1. a.1.

q.84, a.2

2. Praeterea, *Eccli.* 10, [12] dicitur: *Initium superbiae hominis apostatare a Deo.*[2] Sed apostasia a Deo est quoddam peccatum. Ergo aliquod peccatum est initium superbiae, et ipsa[3] non est initium omnis peccati.

3. Praeterea, illud videtur esse initium omnis peccati, quod facit omnia peccata. Sed hoc est inordinatus amor sui, qui *facit civitatem Babylonis*, ut Augustinus dicit, in XIV *de Civ. Dei.*[4] Ergo amor sui est initium omnis peccati, non autem superbia.

S̲e̲d̲ ̲c̲o̲n̲t̲r̲a̲ est quod dicitur *Eccli.* 10, [13]: *Initium omnis peccati superbia.*[5]

R̲e̲s̲p̲o̲n̲d̲e̲o̲ dicendum quod quidam[6] dicunt superbiam dici tripliciter. Uno modo, secundum quod superbia significat inordinatum appetitum propriae excellentiae. Et sic est speciale peccatum.—Alio modo, secundum quod importat quendam actualem contemptum Dei, quantum ad hunc effectum qui est non subdi eius[7] praecepto. Et sic dicunt quod est generale peccatum.—Tertio modo, secundum quod importat quandam

---

2. [성경]: "인간의 오만은 주님을 저버리는 데에서 시작되니…."
3. 교만.
4. Augustinus, *De civiatate dei*, XIV, 28: "두 가지 사랑이 두 도성을 이루었다. 하느님을 멸시하면서까지 이르는 자기 사랑이 지상 도성을 만들었고, 자기를 멸시하면서까지 이르는 하느님 사랑이 천상 도성을 만들었다."(Fecerunt itaque civitates duas amores duo, terrenam scilicet amor sui usque ad contemptum Dei, celestem vero amor Dei usque ad conterptum sui) Cf. *Enarr. in Ps.*, 64.2; *De Gen ad litt.* 11.15.20.

2. 집회서 10장[12절]에서는 "인간 교만의 단초는 하느님을 저버리는 것"이라고 말한다.[2] 그런데 하느님에 대한 배반(背叛, apostasia)은 죄다. 그러므로 모종의 죄(aliquod peccatum)가 교만의 단초이며, 따라서 그것[3]은 모든 죄의 단초가 아니다.

3. 모든 죄를 야기하는 것이 모든 죄의 단초로 보인다. 그런데 이런 것은 무질서한 자기 사랑(amor sui)으로, 아우구스티누스가 『신국론』 제14권[4]에서 말했듯 이것으로 바빌론의 도성을 만들었다. 그러므로 교만이 아니라 자기 사랑이 모든 악의 단초다.

[재반론] 집회서 10장[13절]에서 "모든 죄의 단초는 교만"이라고 말한다.[5]

[답변] 어떤 이들[6]은 교만이 세 가지 방식으로 언급된다고 말하고 있다. 첫째 방식은 [교만이] 자기 자신의 탁월성(propria excellentia)에 대한 무질서한 욕구를 뜻함에 따른 것이다. 그래서 이런 방식[의 논의]에서 [교만은] 특수한 죄다.—다른 방식은 [교만이] 그[7]의 계명에 복종하지 않는 결과로 이어지는, 하느님에 대한 어떤 현실적 경멸을 함축함에 따른 것이다. 그래서 이런 방식[의 논의]에서 [교만은] 유적(類的) 죄(peccatum generale)다.—셋째 방식은 [교만이] 본성의 부패로 인해 이런 양태의 경멸에 대한 경향을 초래한다는 것에 따른 것

---

5. 우리말 성경 집회 5,13에는 "오만의 시작은 죄악이고"로 새기고 있다. 한편 대중 라틴말 성경에서 해당 구절, 즉 "initium peccati omnis superbia"는 집회 5,15에 등장한다.
6. Albertus Magnus, *In Sent.*, II, 2, dist.42, a.8(BO 27, 668).
7. 하느님.

inclinationem ad huiusmodi contemptum, ex corruptione naturae. Et sic dicunt quod est initium omnis peccati. Et differt a cupiditate, quia cupiditas respicit peccatum ex parte conversionis ad bonum commutabile, ex quo peccatum quodammodo nutritur et fovetur, et propter hoc cupiditas dicitur *radix*, sed superbia respicit peccatum ex parte aversionis a Deo, cuius praecepto homo subdi recusat; et ideo vocatur *initium*, quia ex parte aversionis incipit ratio mali.

Et haec quidem quamvis vera sint, tamen non sunt secundum intentionem Sapientis,[8] qui dixit: *Initium omnis peccati est superbia*.[9] Manifeste enim loquitur de superbia secundum quod est inordinatus appetitus propriae excellentiae, ut patet per hoc quod subdit[v. 17]: *Sedes ducum superborum destruxit Deus*.[10] Et de hac materia fere loquitur in toto capitulo. Et ideo dicendum est quod superbia, etiam secundum quod est speciale peccatum, est initium omnis peccati. Considerandum est enim quod in actibus voluntariis, cuiusmodi sunt peccata, duplex ordo invenitur, scilicet intentionis, et executionis.[11] In primo quidem ordine, habet rationem principii finis, ut supra multoties dictum est.[12] Finis autem in omnibus bonis temporalibus acquirendis, est ut homo per illa quandam[13] perfectionem et excellentiam habeat.

8. 집회서의 저자. 집회 50,27에 따르면 그는 스스로 "예루살렘 출신 엘아자르의 아들, 시라의 아들인 나 예수"라 소개하고 있다.
9. 집회 10,13.
10. 이 부분을 우리말 성경은 다음과 같이 새긴다: "주님께서 통치자들의 권좌를 무너뜨리시고…."

이다. 그래서 이런 방식[의 논의]에서 [교만은] 모든 죄의 단초다. 그리고 탐욕은 가변적 선을 향해 돌아섬이라는 면에서 죄와 관계를 맺으며, 그것으로부터 죄는 모종의 방식으로 자양분을 얻고 단단히 정착한다(fovi). 이런 까닭으로 탐욕을 [죄의] "뿌리"라고 일컫는 것이다. 그러나 교만은 하느님에 대한 등 돌림(aversio)이라는 면에서 죄와 관계를 맺으며, [그 결과] 인간은 그의 계명에 대한 복종을 거부한다. 그래서 [하느님에 대한] 등 돌림이라는 면에서 악의 계기가 되기(incipere ratio mali) 때문에 [교만은] 악의 "단초"라 불린다.

그런데 이 모든 것이 참이기는 해도, "모든 죄의 단초는 교만"[9]이라고 말한 지혜로운 이[8]의 의도에 따른 것은 아니다. 그가 뒤이은 구절, 즉 "주님은 오만한 군주의 권좌를 무너뜨리신다."[10]에서 말하는 것에서 확인할 수 있듯, 교만에 대해 자기 자신의 탁월성에 대한 무질서한 욕구로 논하는 것이 명백하기 때문이다. 그리고 이 내용(materia)에 대해 여기에서 거의 장(章) 전체에 걸쳐 논하고 있다. 그렇기에 교만은 특수한 죄로서도 모든 죄의 단초이다. 의지적 행위와 관련하여 그 죄들로서 두 가지, 즉 지향의 질서와 실행의 질서가 발견된다는 것[11]을 고찰해야 한다. 전자의 질서에서 목적은 여러 차례 위에서 언급했듯[12] 원리의 근거(ratio)를 갖는다. 그런 까닭에 [우리는] 이런 면에서 탁월함에 대한 욕구인 교만을 모든 죄의 단초로 여긴다. 인간이 모든 현세적 선들을 획득하는 목적은 인간이 그 어떤 것을 통해[13] 특정한 완성과 탁월함을 가질 수 있다는 데에 있다. 그래

---

11. Cf. q.1, a.4.
12. q.1 a.1 ad1; q.18, a7, ad2; q.25, a.2.
13. 어떤 수단을 통해.

Et ideo ex hac parte superbia, quae est appetitus excellentiae, ponitur initium omnis peccati. Sed ex parte executionis, est primum id quod praebet opportunitatem adimplendi omnia desideria peccati, quod habet rationem radicis, scilicet divitiae. Et ideo ex hac parte avaritia ponitur esse radix omnium malorum, ut dictum est.[14]

Et per hoc patet responsio AD PRIMUM.

AD SECUNDUM dicendum quod apostatare a Deo dicitur esse initium superbiae ex parte aversionis, ex hoc enim quod homo non vult subdi Deo, sequitur quod inordinate velit propriam excellentiam in rebus temporalibus. Et sic apostasia a Deo non sumitur ibi quasi speciale peccatum, sed magis ut quaedam conditio generalis omnis peccati, quae est aversio ab incommutabili bono.—Vel potest dici quod apostatare a Deo dicitur esse initium superbiae, quia est prima superbiae species.[15] Ad superbiam enim pertinet cuicumque superiori nolle subiici, et praecipue nolle subdi Deo; ex quo contingit quod homo supra seipsum indebite extollatur, quantum ad alias superbiae species.

AD TERTIUM dicendum quod in hoc homo se amat, quod sui excellentiam vult, idem enim est se amare quod sibi velle bonum. Unde ad idem pertinet quod ponatur initium omnis peccati superbia, vel amor proprius.[16]

---

14. a.1.
15. Cf. II-II, q.12, a.1

서 이런 면에서 탁월함에 대한 욕구인 교만을 모든 죄의 단초로 간주한다. 그런데 실행의 질서에서는 [목적이] 죄에 대한 모든 갈망을 만족시키는 기회(opportunitas)를 제공하는 것이 첫째인 것으로 뿌리의 특질을 갖는데, [그런 것이] 바로 부(富)다. 그렇기에 이런 면에서 언급한 바와 같이[14] 인색을 모든 악의 뿌리로 간주한다.

[해답] 1. 이를 통해 첫째 반론에 대한 해답이 분명하게 드러난다.

2. 하느님을 저버리는 것은 [하느님에 대한] 등 돌림이라는 면에서 교만의 단초라고 일컬어진다. 이로부터 인간이 하느님에 대해 복종하기를 원하지 않고, 그에 따라 현세적인 것들과 관련하여 자기 자신의 탁월함을 무질서하게 원하게 된다. 그런데 여기에서는 이런 식으로 하느님에 대한 배반을 특수한 죄가 아니라, 오히려 사라질 수 없는 선에 대한 등 돌림인 모든 죄에 대한 어떤 유적(類的) 조건으로 간주한다.—또한 하느님을 외면하는 것은 교만의 으뜸가는 종(species)이기에 교만의 단초라 논한다고 말할 수 있다.[15] 왜냐하면 더 탁월한 모든 것에 복종하기를 원하지 않는 것, 그리고 무엇보다도 하느님에게 복종하기를 원하지 않는 것이 교만에 해당하기 때문이다. 그로 인해 교만함의 다른 종들(aliae superbiae species)과 관련하여 인간은 부당하게 그 자신보다 더 드높여진다.

3. 자기 자신의 탁월성을 원하면서 인간은 자기 사랑을 하는데, 자기를 사랑하는 것은 자신에게 좋은 것을 원하는 것과 같기 때문이다. 그러므로 죄의 단초를 교만으로 여기는 것과 자기 사랑으로 여기는 것은 같은 것이다.[16]

---

16. Cf. q.77, a.4

Articulus 3
Utrum praeter superbiam et avaritiam, sint alia peccata specialia quae dici debeant capitalia

Ad tertium sic proceditur. Videtur quod praeter superbiam et avaritiam, non sint quaedam alia peccata specialia quae dicantur capitalia.

1. *Ita enim se videtur habere caput ad animalia, sicut radix ad plantas*, ut dicitur in II *de Anima*:[1] nam radices sunt ori similes. Si igitur cupiditas dicitur *radix omnium malorum*, videtur quod ipsa sola debeat dici vitium capitale, et nullum aliud peccatum.

2. Praeterea, caput habet quendam ordinem ad alia membra, inquantum a capite diffunditur quodammodo sensus et motus. Sed peccatum dicitur per privationem ordinis. Ergo peccatum non habet rationem capitis. Et ita non debent poni aliqua capitalia peccata.

3. Praeterea, capitalia crimina dicuntur quae capite plectuntur. Sed tali poena puniuntur quaedam peccata in singulis generibus. Ergo vitia capitalia non sunt aliqua determinata secundum speciem.[2]

---

1. Aristoteles, *De anima*, II, 4, 416a4: "동물들의 머리는 식물들의 뿌리라고 말할 수 있기 때문이다." 혹은 "식물의 뿌리는 동물의 머리에 해당하니까 말이다."(우리말 번역은 아리스토텔레스, 『영혼에 관하여』, 유원기 옮김, 궁리, 2001과 아리스토텔

제3절 교만과 인색 외에 다른 특수한 죄들도 죄종(罪宗)이라 일컬어야 하는가?

Parall.: *In Sent.*, II, d.42, q.2, a.3; *De malo*, q.8, a.1.

[반론] 셋째에 대해서는 다음과 같이 진행된다. 교만과 인색 외에 죄종이라 불릴 다른 특수한 죄는 없는 것처럼 보인다.

1. 뿌리를 잎에 비유할 수 있기에 『영혼에 관하여』 제2권[1]에서 "동물들에게 머리는 식물들에게 뿌리와 유사하다."라고 말한다. 그래서 탐욕을 "모든 악의 뿌리"라고 말한다면, 그것만을 죄종이라 일컬어야 할 것이며, 다른 어떤 것도 죄종[이라 일컬어서는] 안 될 것으로 보인다.

2. 머리로부터 모종의 방식으로 감각과 운동이 모든 지체로 전파되는 만큼 머리는 다른 지체들에 대한 모종의 질서를 갖는다. 그런데 죄는 질서의 결핍을 통해 그렇게 불린다. 그러므로 죄는 머리의 이유(ratio)를 갖지 않으며 어떤 죄도 죄종(capitalis)으로 간주되어서는 안 된다.

3. 죄종(crimen capitalis)은 중대하게(capite) 처벌받는다. 그런데 그에 상응하는 처벌은 죄의 유형(genus)과 관련하여 받는다. 따라서 죄종은 종(species)에 따라 규정되는 어떤 것[2]이 아니다.

---

[1] 레스, 『영혼에 관하여』, 오지은 옮김, 아카넷, 2018를 따름). 성 토마스 아퀴나스 주해는 *In de anima*, lect.8, nn.325-326.
[2] 종적 죄.

q.84, a.3

Sed contra est quod Gregorius, XXXI *Moral.*,³ enumerat quaedam specialia vitia, quae dicit esse capitalia.

Respondeo dicendum quod *capitale*⁴ a capite⁵ dicitur. Caput autem proprie quidem est quoddam membrum animalis, quod est principium⁶ et directivum totius animalis. Unde metaphorice omne principium caput vocatur, et etiam homines qui alios dirigunt et gubernant, capita aliorum dicuntur. Dicitur ergo vitium capitale uno modo a capite proprie dicto, et secundum hoc, peccatum capitale dicitur peccatum quod capitis poena punitur. Sed sic nunc non intendimus de capitalibus peccatis, sed secundum quod alio modo dicitur peccatum capitale a capite prout metaphorice significat principium vel directivum aliorum. Et sic dicitur vitium capitale ex quo alia vitia oriuntur, et praecipue secundum originem causae finalis, quae est formalis origo, ut supra⁷ dictum est. Et ideo vitium capitale non solum est principium aliorum, sed etiam est directivum et quodammodo ductivum aliorum, semper enim ars vel habitus ad quem pertinet finis, principatur et imperat circa ea quae sunt ad finem.⁸ Unde Gregorius, XXXI *Moral.*,⁹ huiusmodi vitia capitalia *ducibus exercituum* comparat.

---

3. Gregorius, *Moralia in Iob*, M. Adriaen(ed.), Turnhout, Brepols, 1979-1985, 31, 45.
4. "으뜸가는", "우두머리의"라는 뜻을 가진, 그래서 한자로 "宗"이라 새긴다.
5. "머리"라는 뜻을 가진다.
6. 혹은 "원리의 역할을 하는."
7. q.72, a.6.
8. 수단.

[재반론] 그레고리우스는 『욥기의 도덕적 해설』 제31권[3]에서 죄종이라 일컫는 종적 악습들을 열거한다.

[답변] ["죄종"이라는 뜻을 가진 "크리미나 카피탈리아(crimina capitalia)"에서] 카피탈레(capitale)[4]는 카푸트(caput)[5]에서 온 것이다. 머리는 말할 나위 없이 동물의 지체로 동물 전체에서 으뜸가는[6] [지체이며] 주도하는 [지체이다]. 따라서 비유적으로 모든 지배적인 원리를 머리라 일컫는다. 그래서 심지어 다른 사람들을 주도하고 다스리는 사람도 수장(首長) 혹은 우두머리라고 일컫는다. 따라서 죄종은 어떤 방식으로는 적절한 의미에서 머리에서 파생된다. 그리고 이에 따라 죄종은 중대한 형벌을 받는 죄를 일컫는다. 그런데 현재 우리는 이런 식으로 죄종을 논하는 것이 아니라 비유적으로 다른 것들의 원리, 혹은 주도자를 뜻하는 다른 방식에 따라 논한다. 그리고 이런 식으로 죄종을 다른 죄들이 발원하는 것으로서, 그래서 앞서 언급했듯[7] 무엇보다도 형상인의 시원(始元)인 목적인의 시원으로 이해한다. 그런 까닭에 죄종은 다른 죄들의 원리[혹은 시원]일 뿐만 아니라 주도자 격이자 우두머리 격이다. 왜냐하면 목적이 귀속되는 자질(ars) 혹은 습성(habitus)은 목적을 위한 것들(quae ad finem sunt)[8]과 관련하여 원리의 역할을 하며 통솔하기 때문이다. 그래서 그레고리우스는 『욥기의 도덕적 해설』 제31권에서 이런 식으로 죄종을 "군대의 지휘관"에 견준다.[9]

---

9. Gregorius, *op. cit*, 31, 45: "Ipsa namque vitiorum regina superbia cum devictum plene cor ceperit, mox illud septem principalibus vitiis, quasi quibusdam suis ducibus devastandum tradit. Quos videlicet duces exercitus sequitur, quia ex eis procul dubio importunae vitiorum multitudines oriuntur. Quod melius ostendimus, si ipsos duces atque exercitum specialiter, ut possumus, enumerando proferamus."

AD PRIMUM ergo dicendum quod *capitale* dicitur denominative a capite, quod quidem est per quandam derivationem vel participationem capitis, sicut habens aliquam proprietatem capitis, non sicut simpliciter caput. Et ideo capitalia vitia dicuntur non solum illa quae habent rationem primae originis, sicut avaritia, quae dicitur *radix*, et superbia, quae dicitur initium, sed etiam illa quae habent rationem originis propinquae respectu plurium peccatorum.

AD SECUNDUM dicendum quod peccatum caret ordine ex parte aversionis, ex hac enim parte habet rationem mali; malum autem, secundum Augustinum, in libro de *Natura Boni*,[10] est *privatio modi, speciei*[11] *et ordinis*.[12] Sed ex parte conversionis, respicit quoddam bonum. Et ideo ex hac parte potest habere ordinem.

AD TERTIUM dicendum quod illa ratio procedit de capitali peccato secundum quod dicitur a reatu poenae. Sic autem hic non loquimur.

---

10. Augustinus, *De natura boni*, J. Zycha(ed.), Turnhout, Brepols, 1891, 18, p.862.18 이하 참조.
11. 이 부분에서 "species"는 여러 뜻, 즉 첫째, 종(種)이라는 뜻, 둘째, "꼴"에 해당하는 "forma"의 역어인 형상(形相)이라는 뜻, 셋째, 맥락에 따라 "forma"와 "species"의 역어로 쓸 수 있는 "아름다움"이라는 뜻을 모두 품고 있다. 본서에서는 셋 중, 모든 맥락에서 큰 오해를 낳지 않는 "상"으로 일괄하여 새기되 독자들은 종이라는 뜻과 아름다움이라는 뜻을 함께 묻혀 읽기를 권한다. 이와 같은 역어의 선택은 중세인들이 어원과 관련하여 가장 자주 활용했던 이시도루스의 『어원집』(Isidorus, *Etymologiarum sive Originum*, XX, W.D. Lindsay(ed.), Oxford, Clarendon Press, 1911, X, 243) 참조.

[해답] 1. [우리는] 단적으로 "카푸트"를 논하는 것이 아니라 "카푸트"에서 나온다 혹은 [그것에] 관여한다는 [의미에서] "카피탈레"라는 용어로 논한다. 그런 까닭에 죄종이 [모든 죄의] 뿌리라 일컫는 인색과 단초라 일컫는 교만처럼 시원의 특질을 가졌을 뿐만 아니라, 여러 죄악들과 관련하여 근접한 시원의 특질을 가진 것도 죄종이라고 불린다.

2. 죄는 신에 대한 등 돌림이라는 편에서 질서를 결(缺)하며, 이런 면에서 악의 특질을 갖는다. 『선의 본성』¹⁰에서 아우구스티누스에 따르면 악은 "양태(modus)와 상(species),¹¹ 그리고 질서의 결여(privatio modi, speciei et ordinis)"¹²이기 때문이다. 한편 죄는 어떤 것을 향한다는 면에서는 선과 관계한다. 그렇기에 이런 면에서는 질서를 갖는다.

3. 이 반론은 죄종과 관련하여 죄책(罪責, reatus poenae)에 의거하여 논의를 전개하는데, 우리는 이런 식으로 논하지 않는다.

---

12. 양태(modus)와 상(species), 그리고 질서(ordo)의 삼원 구도는 아우구스티누스가 『창세기의 문자적 해설』 4.4.7에서 거론한 것이다. 아우구스티누스는 이를 지혜 11,21의 "당신께서는 모든 것을 재고, 헤아리고, 달아서 처리하셨습니다."(omnia mensura et numero et pondere disposuisti)라는 구절에 따라 각각 크기(mensura), 수(numerus), 무게(pondus)에 대응시킨다. 그래서 양태와 크기는 어떤 사물의 고유한 한계를 확정하는 것(praefixi)을, 상과 수는 그 사물의 개별 형상을, 그리고 질서와 무게는 그 사물의 고유한 위치와 기능을 지칭한다고 이해한다.
한편 13세기 사상가들은 이 삼원 구도를 선을 향한 습성들(habitudines ad bonum)을 설명할 때 활용한다. 예컨대 『알렉산더 신학대전』(Summa theologica Alexanri de Hales)의 저자들은 양태를 능동인에, 상을 형상인에, 그리고 질서를 목적인에 대응시킨다. 그래서 양태는 인간의 의지가 최고선(summum bonum)으로서 '선을 산출하는' 능동인인 하느님의 의지에 부합하는 것을, 상은 '본성적으로 올바른' 범형, 즉 형상인인 하느님 의지의 본성적 올바름에 부합하는 것을, 그리고 질서는 '최고선으로서 자신을 목적으로 삼는' 하느님의 의지의 방향성에 부합하는 것이라고 설명한다.(Summa theologica Alexandri de Hales, Florentia, Ed. Collegii S. Bonaventurae ad Claras Aquas, 1930, vol.3, 2.1.33, pp.49-51) 그래서 이에

Articulus 4
Utrum convenienter dicantur septem vitia capitalia

Ad quartum sic proceditur. Videtur quod non sit dicendum septem esse vitia capitalia, quae sunt inanis gloria, invidia, ira, tristitia, avaritia, gula, luxuria.[1]

1. Peccata enim virtutibus opponuntur. Virtutes autem principales sunt quatuor,[2] ut supra[3] dictum est. Ergo et vitia principalia, sive capitalia, non sunt nisi quatuor.

2. Praeterea, passiones animae sunt quaedam causae peccati, ut supra[4] dictum est. Sed passiones animae principales sunt quatuor.[5] De quarum duabus nulla fit mentio inter praedicta peccata, scilicet de spe et timore. Enumerantur autem aliqua vitia ad quae pertinet delectatio et tristitia, nam delectatio pertinet ad gulam et luxuriam, tristitia vero ad acediam et invidiam. Ergo inconvenienter enumerantur principalia peccata.

3. Praeterea, ira non est principalis passio. Non ergo debuit poni inter principalia vitia.

따르면 인간의 선한 삶이란 하느님의 권능과 함께하는 양태로, 하느님이라는 올바른 모범을 따라 상(species) 혹은 아름다움을 품으며, 하느님이라는 최고선을 목적으로 삼아 선을 지향하는 질서에 따르는 삶이라고 할 수 있다. 그러므로 여기에서 토마스를 비롯하여 13세기 사상가들이 아우구스티누스를 인용하며 논하는 "양태와 상, 그리고 질서의 결핍"이란 '하느님으로부터 멀어진 끔찍한 무질서'라고 표현할 수 있다. 이에 대한 13세기 사상가들의 이해 방식에 대해서는: Cf. L. G. Kelly, *The Mirror of Grammar: Theology, Philosophy and the Modistae*, Amsterdam/Philadelphia, John Benjamins Pub. Co., 2002, pp.66-67. 그리고 보나벤투라,『하느님께 이르는 영혼의 순례기』, 원유동 옮김, 누멘, 2012, 39쪽 각주 18 참조.

제4절 칠죄종을 타당하게 거론하는 것인가?

Parall.: *In Sent.*, II, d.42, q.2, a.3; *De malo*, q.8, a.1.

[반론] 넷째는 다음과 같이 진행된다. 허영(虛榮, inanis gloria), 질투(嫉妬, invidia), 분노(憤怒, ira), 인색(吝嗇, avaritia), 슬픔(tristitia), 탐식(貪食, gula), 색욕(色慾, luxuria)[1]을 칠죄종으로 꼽지 말아야 할 것처럼 보인다.

1. 죄는 덕에 반대된다. 그런데 앞서 언급했듯[3] 추요덕(樞要德)은 넷이다.[2] 그러므로 오직 네 개의 주요 악습 또는 죄종이 있다.

2. 위에서 언급했듯이[4] 영혼의 정념은 죄의 원인이다. 그런데 영혼의 주된 정념은 넷이다.[5] 이들 중 둘, 즉 희망(希望, spes)과 두려움(timor)에 대해서는 앞서 언급한 죄들 사이에서 어떤 언급도 없다. 반면에 쾌락과 슬픔에 결부된 어떤 것들이 열거된다. 왜냐하면 쾌락은 탐식(貪食, gula)과 색욕(色慾, luxuria)에 속하고, 슬픔은 나태(懶怠, acedia)와 질투(嫉妬, invidia)에 속하기 때문이다. 그러므로 죄종이 적절치 않게 열거되고 있다.

3. 분노는 주된 정념이 아니다. 따라서 죄종에 포함되어서는 안 된다.

---

1. 미색(迷色)으로도 번역한다. 이와 같은 역어 선택의 예로는 이상섭, 『악과 죄종』, 287쪽의 경우를 꼽을 수 있다.
2. 사추덕(quatuor cardinales virtutes)은 현명(賢明, prudentia), 용기(勇氣, fortitudo), 절제(節制, temperantia), 정의(正義, iustitia)다.
3. q.61, a.2.
4. q.78.
5. Cf. q.25, a.4.

4. Praeterea, sicut cupiditas, sive avaritia, est radix peccati, ita superbia est peccati initium, ut supra[6] dictum est. Sed avaritia ponitur unum de septem vitiis capitalibus. Ergo superbia inter vitia capitalia enumeranda esset.

5. Praeterea, quaedam peccata committuntur quae ex nullo horum[7] causari possunt, sicut cum aliquis errat ex ignorantia; vel cum aliquis ex aliqua bona intentione committit aliquod peccatum, puta cum aliquis furatur ut det eleemosynam. Ergo insufficienter capitalia vitia enumerantur.

Sed in contrarium est auctoritas Gregorii sic enumerantis, XXXI *Moralium*.[8]

Respondeo dicendum quod, sicut dictum est,[9] vitia capitalia dicuntur ex quibus alia oriuntur, praecipue secundum rationem causae finalis. Huiusmodi autem origo potest attendi dupliciter. Uno quidem modo, secundum conditionem peccantis, qui sic dispositus est ut maxime afficiatur ad unum finem, ex quo ut plurimum in alia peccata procedat. Sed iste modus originis sub arte cadere non potest, eo quod infinitae sunt particulares hominum dispositiones.[10]—Alio modo, secundum naturalem habitudinem ipsorum finium ad invicem. Et secundum hoc, ut in pluribus unum vitium ex alio oritur. Unde iste modus originis

---

6. a.2.
7. 칠죄종.

4. 앞에서 언급했듯이[6] 탐욕 또는 인색이 죄의 뿌리인 것처럼, 교만은 죄의 단초다. 그런데 인색을 칠죄종 중 하나로 여긴다. 그러므로 교만 역시 칠죄종 중 하나로 꼽아야 한다.

5. 누군가 무지로 과실을 범하거나, 혹은 누군가 자선을 하기 위해 도둑질을 하는 경우와 같이 좋은 의도로 어떤 죄를 범하는 것처럼 이들[7] 중 어떤 것을 통해서도 야기될 수 없는 죄들이 있다. 따라서 칠죄종은 불충분하게 꼽은 것이다.

[재반론] 『욥기의 도덕적 해설』 제31권[8]에서 이런 식으로 [칠죄종을] 열거하는 그레고리우스라는 권위자가 있다.

[답변] 위에서 언급한 바[9]와 같이 다른 죄들의 기원이 된다는 점에서, 특히 무엇보다도 목적인이라는 특질에 따라서 이들이 죄종이라 일컬어진다. 이런 식으로 시원에는 두 가지 방식으로 접근할 수 있다. 첫째 방식은 물론 죄짓는 자(peccans)의 조건에 따르는 것인데, 죄짓는 자는 어떤 특정한 목적을 향해 강력하게 사로잡히도록 태세를 갖추고, 그 결과 종종 다른 죄들을 [짓는 방향으로] 나아간다. 그런데 이런 유형의 기원은 기예(ars)의 대상이 될 수 없다. 인간들 사이에서 특정한 [목적을 향한] 태세들은 무한[히 다양]하기 때문이다.[10] — 다른 방식은 목적들 사이의 본성적 습관에 따른 것이다. 이에 따르면 여러 경우에 어떤 죄는 다른 죄로부터 생겨난다. 따라서 이런 방식의 시원은 기예(ars)에 속할 수 있다.

---

8. Gregorius, *Moral.*, 31, 45.
9. a.3.
10. Cf. q.1, a.7

sub arte cadere potest.

Secundum hoc ergo, illa vitia capitalia dicuntur, quorum fines habent quasdam primarias rationes movendi appetitum,[11] et secundum harum rationum distinctionem, distinguuntur capitalia vitia. Movet autem aliquid appetitum dupliciter. Uno modo, directe et per se, et hoc modo bonum movet appetitum ad prosequendum, malum autem, secundum eandem rationem, ad fugiendum. Alio modo, indirecte et quasi per aliud, sicut aliquis aliquod malum prosequitur propter aliquod bonum adiunctum, vel aliquod bonum fugit propter aliquod malum adiunctum.

Bonum autem hominis est triplex. Est enim primo quoddam bonum animae, quod scilicet ex sola apprehensione rationem appetibilitatis habet, scilicet excellentia laudis vel honoris, et hoc bonum inordinate prosequitur *inanis gloria*. Aliud est bonum corporis, et hoc vel pertinet ad conservationem individui, sicut cibus et potus, et hoc bonum inordinate prosequitur *gula*; aut ad conservationem speciei, sicut coitus, et ad hoc ordinatur *luxuria*. Tertium bonum est exterius, scilicet divitiae, et ad hoc ordinatur *avaritia*. Et eadem quatuor vitia inordinate fugiunt mala contraria.

Vel aliter, bonum praecipue movet appetitum ex hoc quod participat aliquid de proprietate felicitatis, quam naturaliter omnes appetunt. De cuius ratione est quidem primo quaedam

그래서 이에 따라 그 목적이 욕구를 움직이는 1차적(primarius) 특질을 갖는 것을 죄종이라 일컫는다.[11] 그리고 이런 특질에 따라 죄종의 차이가 드러난다. 그런데 어떤 것은 욕구를 두 가지 방식으로 움직인다. 첫째 방식은 직접적이고 그 자체로서 움직이는데, 이런 방식으로 선은 추구하도록, 반면에 악은 동일한 이유로 회피하도록 욕구를 움직인다. 다른 방식은 누군가 모종의 선과 결부되어 있기 때문에 어떤 악을 추구하거나, 혹은 모종의 악과 결부되어 있기 때문에 어떤 선을 기피하는 경우처럼 간접적이며 타자를 통하는 것 같은 방식이다.

또한 인간의 선은 세 가지다. 먼저 단지 파악된 것만으로도 욕구할 만한 이유를 갖는, 즉 칭송과 영예와 같은, 영혼에 대한 선이 있다. 그런데 허영은 이런 선을 무질서하게 추구한다. 다른 것으로는 육체에 대한 선인데, 먹거리와 음료처럼 개체의 보존과 관계되는 선(탐식은 이것을 무질서하게 추구한다.)이나, 성교처럼 종의 보존을 위한 선(색욕은 이것을 무질서하게 추구한다.)이 그렇다. 셋째 선은 외적인 선, 즉 부(富)인데, 바로 인색이 그것으로 정향되어 있다. 이 네 가지 악습은 그 반대되는 악들을 무질서하게 회피한다.

또한 선은 무엇보다도 모든 사람이 본성적으로 추구하는 행복의 어떤 속성(proprietas)에 참여함으로써 욕구를 움직인다. 그런데 첫째, 그 특질상 [행복은] 모종의 완전성이다. 왜냐하면 행복은 완전한 선으로, 그것에 교만과 허영이 욕구하는 탁월성 혹은 찬란함(claritas)이

---

11. 1차적으로 그 자체 욕구의 대상이 될 만한 모종의 목적을 가졌기에 그에 따라 다른 죄들이 그와 같은 목적을 향해 정향되도록 하는 죄를 죄종이라 일컫는다. *De malo*, q.8, a.1

q.84, a.4

perfectio, nam felicitas est perfectum bonum, ad quod pertinet excellentia vel claritas, quam appetit *superbia* vel *inanis gloria*. Secundo de ratione eius est sufficientia, quam appetit *avaritia* in divitiis eam promittentibus. Tertio est de conditione eius[12] delectatio, sine qua felicitas esse non potest, ut dicitur in I[13] et X *Ethic*.:[14] et hanc appetunt *gula* et *luxuria*.

Quod autem aliquis bonum fugiat propter aliquod malum coniunctum, hoc contingit dupliciter. Quia aut hoc est respectu boni proprii, et sic est acedia, quae tristatur de bono spirituali,[15] propter laborem corporalem adiunctum. Aut est de bono alieno, et hoc, si sit sine insurrectione, pertinet ad invidiam, quae tristatur de bono alieno, inquantum est impeditivum propriae excellentiae; aut est cum quadam insurrectione ad vindictam, et sic est ira. Et ad eadem etiam vitia pertinet prosecutio mali oppositi.[16]

AD PRIMUM ergo dicendum quod non est eadem ratio originis in virtutibus et vitiis, nam virtutes causantur per ordinem appetitus ad rationem, vel etiam ad bonum incommutabile, quod est Deus;[17] vitia autem oriuntur ex appetitu boni commutabilis.[18] Unde non oportet quod principalia vitia opponantur principalibus virtutibus.

---

12. 행복.
13. *Ethica Nic.*, I, 8, 1099a7.

귀속하기 때문이다. 둘째, 특질상 [행복은] 풍족함인데, 인색은 이것을 부에서 보장받는다. 셋째는 그것[12]의 조건인 쾌락인데, 『니코마코스 윤리학』 제1권[13]과 제10권[14]에서 말하는 것처럼 그것이 없이는 행복도 없다. 그런데 탐식과 색욕은 바로 그것을 욕구한다.

한편 악과 결부된 어떤 것 때문에 누군가 선을 회피하는 일은 두 가지 방식으로 일어난다. 첫째는 그런 일이 [자신에게] 고유한 선과 관련하여 일어나는데, 육체와 결부된 노고 때문에 정신적[15] 선에 대해 슬퍼하는 나태가 그렇다. 둘째는 타인의 선과 관련하여 일어나는데, 다툼(insurrectio)이 없는 경우라면, 자신이 우월해지는 데에 방해가 되는 타인의 선에 대해 슬퍼하는 질투가 여기 해당된다. 반면에 보복으로 이어지는 모종의 다툼을 수반한다면, 그것은 분노다. 또한 대립되는 악을 추구하는 것도 동일한 악습으로 귀속된다.[16]

[해답] 1. 덕은 근원적으로(per originem) 이성이나 변하지 않는 선인 하느님을 향한 욕구를 원인으로 삼는[17] 반면, 악습은 가변적 선을 향한 욕구로부터 생겨나기 때문에 덕과 악습은 기원으로서 동일한 근거를 갖고 있지 않다고[18] 말해야 한다. 따라서 죄종이 반드시 추요덕에 대립되는 것이 아니다.

---

14. Ibid, X, 7, 1177a.22.
15. 혹은 영적.
16. 허영에 관해서는: II-II, q.132, aa.4-5; 탐식에 관해서는: Ibid., q.148, aa.5-6; 색욕에 관해서는: Ibid., q.153, aa.4-5; 인색에 관해서는: q.118, aa.7-8; 나태에 관해서는: Ibid., q.35, a.4; 질투에 관해서는: Ibid, q.36, a.4; 분노에 관해서는: Ibid., q.158, aa.6-7.
17. 이성이 변하지 않는 선을 향한 이중적 질서에 관해서는: Cf. q.63, a.2.
18. q.25, a.4. 덕과 죄는 동일한 방식으로 기원이 되지 않는다.

AD SECUNDUM dicendum quod timor et spes sunt passiones irascibilis. Omnes autem passiones irascibilis oriuntur ex passionibus concupiscibilis, quae etiam omnes ordinantur quodammodo ad delectationem et tristitiam. Et ideo delectatio et tristitia principaliter connumerantur in peccatis capitalibus, tanquam principalissimae passiones, ut supra[19] habitum est.

AD TERTIUM dicendum quod ira, licet non sit principalis passio, quia tamen habet specialem rationem appetitivi motus, prout aliquis impugnat bonum alterius sub ratione honesti, idest iusti vindicativi;[20] ideo distinguitur ab aliis capitalibus vitiis.

AD QUARTUM dicendum quod superbia dicitur esse initium omnis peccati secundum rationem finis, ut dictum est.[21] Et secundum eandem rationem accipitur principalitas vitiorum capitalium. Et ideo superbia, quasi universale vitium, non connumeratur, sed magis ponitur velut regina quaedam omnium vitiorum, sicut Gregorius dicit.[22] Avaritia autem dicitur radix secundum aliam rationem, sicut supra[23] dictum est.

AD QUINTUM dicendum quod ista vitia dicuntur capitalia, quia ex eis ut frequentius alia oriuntur. Unde nihil prohibet aliqua peccata interdum ex aliis causis oriri.—Potest tamen dici quod omnia peccata quae ex ignorantia proveniunt, possunt reduci ad acediam, ad quam pertinet negligentia qua aliquis recusat bona spiritualia acquirere propter laborem, ignorantia enim

---

19. q.25, a.4.

2. 두려움과 희망은 분노적 정념들이며, 분노적 정념들은 욕정적 정념들로부터 생겨나는데 그들은 모두 모종의 방식으로 쾌락과 슬픔으로 정향되어 있다. 그런 까닭에 앞서 다룬 것처럼[19] 죄종과 관련하여 으뜸 중에서도 으뜸가는 정념으로서, 죄종들과 관련하여 쾌락과 슬픔을 중요하게 여긴다.

3. 분노는, 비록 으뜸가는 정념은 아니지만, 고결한 근거(ratio), 예컨대 정의(正義)에 [비추어] 복수하기 위해 누군가가 타인의 선을 침해하는 경우[20]처럼, 욕구와 관련하여 특별한 근거를 갖고 있기 때문에, 다른 죄종들로부터 구별된다.

4. 앞서 언급한 바[21]와 같이 목적의 특질에 따라 교만을 모든 악의 단초라고 일컫는다고 말해야 한다. 같은 이유로 죄종들의 중요성을 이해한다. 그런 까닭에 교만은 다른 죄들과 함께 보편적 죄로 꼽히지 않으며, 그레고리우스가 『욥기의 도덕적 해설』에서 언급한 것처럼[22] 모든 악습들의 여왕으로 간주된다. 그러나 인색은 앞에서도 언급한 것처럼[23] 다른 이유로 뿌리라 일컫는다.

5. 저 악습들로부터 가장 흔하게 다른 죄들이 생겨나므로 이들은 죄종이라 불린다. 그러므로 어떤 것도 어떤 죄들이 다른 원인들로부터 생겨나는 것을 가로막지 않는다.—무지로부터 오는 모든 죄는 누군가 노고 때문에 영적인 선들을 획득하기를 거부하는 게으름이 귀속되는 나태로 환원될 수 있다. 왜냐하면 무지는 앞에서 언급했듯

---

20. Cf. q.46, a.7.
21. a.2.
22. Gregorius, *Moral.*, 31. 45.
23. aa.1-2.

quae potest esse causa peccati, ex negligentia provenit, ut supra[24] dictum est. Quod autem aliquis committat aliquod peccatum ex bona intentione, videtur ad ignorantiam pertinere, inquantum scilicet ignorat quod non sunt facienda mala ut veniant bona.

---

24. q.76, a.2.

이²⁴ 게으름(negligentia)으로부터 나오는 죄의 원인이 될 수 있기 때문이다. 그래서 누군가 좋은 의도로 어떤 죄를 짓는다는 것은 선이 도래하도록 악을 행해서는 안 된다는 것을 모르는 한에서 무지에 해당하는 것으로 보인다.

QUAESTIO LXXXV
DE EFFECTIBUS PECCATI. ET PRIMO, DE CORRUPTIONE BONI NATURAE
in sex articulos divisa

Deinde considerandum est de effectibus peccati.[1] Et primo quidem, de corruptione boni naturae; secundo: de macula animae;[2] tertio, de reatu poenae.[3]

Circa primum quaeruntur sex.

Primo: utrum bonum naturae diminuatur per peccatum.

Secundo: utrum totaliter tolli possit.

Tertio: de quatuor vulneribus quae Beda ponit, quibus natura humana vulnerata est propter peccatum.

Quarto: utrum privatio modi, speciei et ordinis, sit effectus peccati.

Quinto: utrum mors et alii defectus corporales sint effectus peccati.

Sexto: utrum[4] sint aliquo modo homini naturales.

제85문
죄의 결과에 대하여
(전6절)

이제는 죄의 결과들에 대하여 고찰해야 한다.[1] 첫째, 본성의 선함의 타락에 대해, 둘째, 영혼의 악성(malitia)[2]에 대해, 셋째, 죄책(罪責, reatus poenae)[3]에 대해 고찰해야 한다.

먼저 첫째 것과 관련하여 여섯 가지 문제가 제기된다.
첫째, 본성적 선은 죄로 인해 줄어드는가(diminuere)?
둘째, 본성적 선이 총체적으로 사라질 수 있는가?
셋째, 베다가 생각했듯 인간의 본성을 약화시킨 네 상처에 대하여.
넷째, 양태와 상, 그리고 질서의 결핍은 죄의 결과인가?
다섯째, 죽음과 그 밖의 육체적 결함은 죄의 결과인가?
여섯째, 이들[4]은 어떤 방식으로든 인간에게 본성적인 것인가?

---

1. Cf. q.71, Introd.
2. q.86.
3. q.87.
4. 죽음과 그 밖의 육체적 결함.

Articulus 1
Utrum peccatum diminuat bonum naturae

Ad primum sic proceditur. Videtur quod peccatum non diminuat bonum naturae.

1. Peccatum enim hominis non est gravius quam peccatum Daemonis. Sed bona naturalia in Daemonibus manent integra post peccatum, ut Dionysius dicit, 4 cap. *de Div. Nom.*[1] Ergo peccatum etiam bonum naturae humanae non diminuit.

2. Praeterea, transmutato posteriori, non transmutatur prius, manet enim substantia eadem, transmutatis accidentibus. Sed natura praeexistit actioni voluntariae. Ergo, facta deordinatione circa actionem voluntariam per peccatum, non transmutatur propter hoc natura, ita quod bonum naturae diminuatur.

제1절 죄는 본성의 선함을 축소시키는가?

Parall.: I, q.48, a.4; *In Sent.*, II, d.3, q.3, ad5; d.30, q.1, a.1, ad3; d.34, a.5; III, d.20, a.1, qc.1, ad1; *ScG*, III, 12; *De malo*, q.2, a.11.

Doctr. Eccl.: 여러 교회의 박사들이 정의한 바와 선포한 바로부터 아담의 죄로 인해 초자연적 선을 도모하는 역량으로서 자유의지는 잃어버렸다고 말한다.(DS 105[=DH 227], DS 130[=DH 239], DS 133-135[=DH 242-244], DS 181[=DH 378], DS 186[=DH 383], DS 194[=DH 391], DS 317[=DH 622], DS 811[=DH 1551]); 그럼에도 인간의 자유의지는 파괴된 것이 아니다.(DS 16oa[DH 339], DS 776[=DH 1476], DS 793[=DH 797], DS 815[=DH 1555], DS 1065[=DH 1965], DS 1298[=DH 2308]. DS 1388[=DH 2438]) 단지 약해진 것이다.(DS 160a[=DH 339], DS 181[=DH 378], DS 186[=DH 383]. DS 199[=DH 396], DS 793[=DH 1521])

[반론] 첫째는 다음과 같이 전개된다. 죄는 본성의 선함을 줄이는 것처럼 보이지 않는다.

1. 인간의 죄는 마귀의 죄보다 더 위중하지는 않다. 그런데 디오니시우스가 『신명론』 제4장[1]에서 말하듯 마귀들 안에서 본성의 선함은 죄지은 이후에도 온전하게(integra) 남아 있다. 그러므로 죄는 인간 본성의 선함을 줄이지 않는다.

2. 뒤따르는 것의 변화에도, 그것에 앞선 것은 변하지 않는다. 왜냐하면 우유가 변해도 실체는 동일하게 남기 때문이다. 그런데 본성은 의지의 작용에 앞서 존재한다. 따라서 죄가 의지의 작용에 무질서를 일으켰더라도 본성은 이로 인해 변하지 않으며, 따라서 본성의 선함을 줄이지도 않는다.

---

1. 우리말 번역은 위 디오니시우스, 『위 디오니시우스 전집』, 엄성옥 옮김, 4.23, 133쪽. 이에 대한 성 토마스 아퀴나스의 주석: *In de div. nom.*, lect.19.

3. Praeterea, peccatum est actus quidam, diminutio autem passio. Nullum autem agens, ex hoc ipso quod agit, patitur, potest autem contingere quod in unum agat, et ab alio patiatur. Ergo ille qui peccat, per peccatum non diminuit bonum suae naturae.

4. Praeterea, nullum accidens agit in suum subiectum, quia quod patitur, est potentia ens; quod autem subiicitur accidenti, iam est actu ens secundum accidens illud. Sed peccatum est in bono naturae sicut accidens in subiecto. Ergo peccatum non diminuit bonum naturae, diminuere enim quoddam agere est.

SED CONTRA est quod, sicut dicitur Luc. 10, [30], *homo descendens a Ierusalem in Iericho, idest in defectum peccati, expoliatur gratuitis et vulneratur in naturalibus,*[2] ut Beda[3] exponit. Ergo peccatum diminuit bonum naturae.

RESPONDEO dicendum quod bonum naturae humanae potest tripliciter dici. Primo, ipsa principia naturae, ex quibus natura constituitur, et proprietates ex his causatae, sicut potentiae animae[4] et alia huiusmodi. Secundo, quia homo a natura habet inclinationem ad virtutem, ut supra[5] habitum est, ipsa inclinatio ad virtutem est quoddam bonum naturae. Tertio modo potest

---

2. 이 부분의 우리말 성경은 "어떤 사람이 예루살렘에서 예리코로 내려가다가 강도들을 만났다. 강도는 그의 옷을 벗기고 그를 때려 초주검으로 만들어 놓고 가 버렸다."이다.

3. 죄는 모종의 능동(actus)이며 축소는 수동(passio)이다. 그런데 어떤 것에 대해 [능동적으로] 작용하되, 다른 것에 대해서는 수동적일 수는 있지만, 어떤 행위자(agens)도 자신이 행위하는 그것에 대해 수동적이 될 수는 없다. 그러므로 죄를 짓는 자는 죄를 통해 자신의 본성을 축소시키지 않는다.

4. 어떤 우유도 주체에 작용하지 않는다. 왜냐하면 [어떤 작용을] 수용하는 것은 가능태인 존재자인데, 우유의 주체는 그 우유와 관련하여 이미 현실태에 있는 존재자이기 때문이다. 그런데 죄는 본성의 선함에 대해 우유가 주체에 대해 존재하듯 존재한다. 따라서 죄는 본성의 선성을 줄이지 않는다. 왜냐하면 줄인다는 것은 어떤 방식의 작용함이기 때문이다.

[재반론] 루카복음서 10장 [30절]에서 "인간은 예루살렘에서 예리코로 내려가다가"[2][와 관련하여], 즉 죄의 결함으로 향하다가, 은사를 빼앗기고, 본성에 손상을 입었다고 베다는 설명한다.[3] 그러므로 죄는 본성의 선함을 줄인다.

[답변] 인간 본성의 선은 세 가지 의미로 이해될 수 있다. 즉 첫째는 본성을 구성한 원리와, 영혼의 능력들[4] 및 그 밖의 이런 유형의 것들처럼 본성에 원인을 둔 속성으로 이해된다. 둘째, 앞에서도 언급했듯이,[5] 인간은 본성에 의해 덕으로 이끌리는 경향을 지니고 있는데, 이런 덕을 향한 이끌림도 본성의 선이다. 셋째, 첫 인간 안에서

---
3. *Glossa ordin.* V, 153A.
4. Cf. I, q.77, a.1, c.et ad5.
5. q.51, a.1; q.63, a.1.

dici bonum naturae donum originalis iustitiae, quod fuit in primo homine collatum toti humanae naturae.[6]

Primum igitur bonum naturae nec tollitur nec diminuitur per peccatum. Tertium vero bonum naturae totaliter est ablatum per peccatum primi parentis. Sed medium bonum naturae, scilicet ipsa naturalis inclinatio ad virtutem, diminuitur per peccatum. Per actus enim humanos fit quaedam inclinatio ad similes actus, ut supra[7] habitum est. Oportet autem quod ex hoc quod aliquid inclinatur ad unum contrariorum, diminuatur inclinatio eius ad aliud. Unde cum peccatum sit contrarium virtuti, ex hoc ipso quod homo peccat, diminuitur bonum naturae quod est inclinatio ad virtutem.

AD PRIMUM ergo dicendum quod Dionysius loquitur de bono primo naturae, quod est *esse, vivere et intelligere*; ut patet eius verba intuenti.

AD SECUNDUM dicendum quod natura, etsi sit prior quam voluntaria actio, tamen habet inclinationem ad quandam voluntariam actionem. Unde ipsa natura secundum se non variatur propter variationem voluntariae actionis, sed ipsa inclinatio variatur ex illa parte qua ordinatur ad terminum.

AD TERTIUM dicendum quod actio voluntaria procedit ex diversis potentiis, quarum una est activa et alia passiva. Et ex hoc contingit quod per actiones voluntarias causatur aliquid, vel aufertur ab homine sic agente, ut supra[8] dictum est, cum de

인간 본성 전체에 주어진 본래적 의로움을 본성의 선이라고 말할 수 있다.[6]

그래서 첫째 의미의 본성의 선은 죄로 인해 박탈당하거나 줄어들지 않는다. 셋째 의미의 본성의 선은 원조의 죄를 통해 총체적으로 상실되었다. 그런데 둘째 의미의 본성의 선, 즉 덕을 향한 본성적 경향은 죄에 의해 줄어들었다. 앞에서 언급했듯이,[7] 인간적 행위를 통해서 그것과 유사한 행위에 대한 경향이 생겨난다. 그런데 어떤 것이 대립하는 것 중 한쪽으로 이끌린다는 사실로부터 반대편으로의 이끌림은 줄어들게 된다. 따라서 죄는 덕에 대립하기에, 인간이 죄를 짓는다는 이 사실로 인해 덕을 향한 경향인 본성의 선은 줄어든다.

[해답] 1. 디오니시우스는, 그가 말한 바를 꿰뚫어 본 이에게 분명히 드러나듯, 첫째 종류의 본성의 선인 존재와 삶, 그리고 앎(esse, vivere et intelligere)에 대해 논하고 있다.

2. 본성이 의도적 활동에 앞선다 할지라도, 본성은 모종의 의도적 활동에 대한 경향을 갖는다. 따라서 본성 자체는 의도적 활동의 변화(variatio)로 인해 변화하지 않는다. 오히려 경향 그 자체는 목표를 향해 질서가 잡혀 있다는 면에서 변화한다.

3. 의도적 활동은 여러 능력들, 즉 한편으로는 능동적인 능력으로부터, 그리고 다른 한편으로는 수동적인 능력으로부터 나온다. 그런 까닭에 앞서 습성의 생성에 대해 다룰 때 언급했듯이[8] 의지적 작용들은 이렇게 행위하는 인간에게 어떤 것을 야기하거나, 그로부터 어

---

6. Cf. I, q.95, a.1.
7. q.50, a.1.
8. q.51, a.2.

generatione habituum ageretur.

AD QUARTUM dicendum quod accidens non agit effective in subiectum; agit tamen formaliter in ipsum,[9] eo modo loquendi quo dicitur quod albedo facit album. Et sic nihil prohibet quod peccatum diminuat bonum naturae, eo tamen modo quo est ipsa diminutio boni naturae, inquantum pertinet ad inordinationem actus. Sed quantum ad inordinationem agentis, oportet dicere quod talis inordinatio causatur per hoc quod in actibus animae aliquid est activum et aliquid passivum, sicut sensibile movet appetitum sensitivum, et appetitus sensitivus inclinat rationem et voluntatem, ut supra[10] dictum est. Et ex hoc causatur inordinatio, non quidem ita quod accidens agat in proprium subiectum; sed secundum quod obiectum agit in potentiam, et una potentia agit in aliam, et deordinat ipsam.

Articulus 2
Utrum totum bonum humanae naturae possit auferri per peccatum

---

9. 주체.
10. q.77, aa.1-2.

떤 것을 사라지게 만든다(aufero).

4. 우유는 실체에 [능동인이] 결과를 산출하는 방식으로(effective) 주체에 작용하는 것이 아니라, 오히려 주체에 형상적으로, 즉 하양(albedo)이 흰 것(album)을 만든다고 논하는 그런 방식으로 그것[9]에 대해 작용한다고 말해야 한다. 그래서 이런 의미에서는 어떤 것도 죄가 본성의 선을 줄이는 데에 장애가 되지 않는다. 이것은 행위의 무질서함에 귀속되는 만큼 본성의 선을 줄이는 것이다. 그런데 행위자의 무질서함과 관련하여, 앞에서 언급한 것처럼,[10] 이런 무질서는 감각적인 것이 감각적 욕구를 움직이고, 감각적 욕구가 이성과 의지에 이끌리듯 영혼의 행위 중 어떤 것은 능동적이고 어떤 것은 수동적이라는 사실에서 기인한다. 그래서 이로부터 무질서가 기인하는데, 이는 물론 우유가 그것의 고유한 주체 안에서 작용하는 것처럼이 아니라, 대상이 능력 안에서 작용함에 따라서, 그리고 어떤 능력이 다른 능력에 작용하여 그것의 질서를 망쳐 놓는지(deordinare)에 따라서 그러하다.

제2절 인간 본성의 선함 전체가 죄로 인해 사라질 수 있는가?

Parall.: I, q.48, a.4; *In Sent.*, II, d.6, a.4, ad2; d.34, a.5; *De malo*, q.2, a.12; *ScG*, III, 12.
Doctr. Eccl.: 여러 교회 박사들이 정의한 바와 공표한 바로부터 타락한 인간은 모종의 자연적 선을 은총 없이 행할 수 있다.(DS 1008[=DH 1908], DS 1022[=DH 1922], DS 1025[=DH 1925], DS 1027[=DH 1927] 이하, DS 1037[=DH 1937] 이하, DS 1065[=DH 1965], DS 1351[=DH 2401] 이하, DS 1372[=DH 2422], DS 1388[=DH 2438] 이하, DS 1414[=DH 2464], DS 1524[=DH 2624])

q.85, a.2

Ad secundum sic proceditur. Videtur quod totum bonum humanae naturae possit per peccatum auferri.

1. Bonum enim naturae humanae finitum est, cum et ipsa natura humana sit finita. Sed quodlibet finitum totaliter consumitur, facta continua ablatione. Cum ergo bonum naturae continue per peccatum diminui possit, videtur quod possit quandoque totaliter consumi.

2. Praeterea, eorum quae sunt unius naturae, similis est ratio de toto et de partibus, sicut patet in aere et in aqua et carne, et omnibus corporibus similium partium. Sed bonum naturae est totaliter uniforme. Cum igitur pars eius possit auferri per peccatum, totum etiam per peccatum auferri posse videtur.

3. Praeterea, bonum naturae quod per peccatum minuitur, est habilitas ad virtutem. Sed in quibusdam propter peccatum habilitas praedicta totaliter tollitur, ut patet in damnatis,[1] qui reparari ad virtutem non possunt, sicut nec caecus ad visum. Ergo peccatum potest totaliter tollere bonum naturae.

Sëd contra est quod Augustinus dicit, in *Enchirid.*,[2] quod *malum non est nisi in bono*. Sed malum culpae non potest esse in bono virtutis vel gratiae, quia est ei[3] contrarium. Ergo oportet quod sit in bono naturae. Non ergo totaliter tollit ipsum.

---

1. 마태 25,41: "저주받은 자들아, 나에게서 떠나 악마와 그 부하들을 위하여 준비된 영원한 불속으로 들어가라."; 마태 25,46: "그들은 영원한 벌을 받는 곳으로 가고 의인들은 영원한 생명을 누리는 곳으로 갈 것이다."

제85문 제2절

[반론] 둘째는 다음과 같이 전개된다. 인간 본성의 선함은 죄로 인해 사라질 수 있는 것처럼 보인다.

1. 인간의 본성 그 자체가 유한하기에 인간 본성의 선함도 유한하다. 그런데 그 어떤 유한한 것도 끊임없이 줄이면 [결국엔] 완전히 (totaliter) 사라진다. 따라서 본성의 선함은 죄로 인해 끊임없이 줄어들 수 있기에 언젠가 완전히 사라질 수 있는 것처럼 보인다.

2. 공기와 물과 살, 그리고 유사한 부분들을 가진 모든 물체[의 경우]에 명백한 것처럼 단일한(uniformis) 본성을 가진 것들 사이에서, 전체와 그 부분들의 근거는 유사하다. 그런데 본성의 선함은 총체적으로 한결같다. 따라서 그 부분이 죄로 인해 사라질 수 있듯이, 전체도 죄로 인해 사라질 수 있는 것처럼 보인다.

3. 죄로 인해 감소하는 본성의 선은 덕에 대한 적성(habilitas)이다. 그런데 앞을 볼 수 없던 사람이 시력을 되찾듯이 덕을 회복할 수 없도록 단죄된 자들(damnati)[1]의 경우에서 확인할 수 있는 것처럼, 앞에서 언급한 적성은 죄로 인해 철저히 사라진다. 따라서 죄로 인해 부분이 사라질 수 있다면 전체도 죄로 인해 사라질 수 있는 것처럼 보인다.

[재반론] 아우구스티누스가 『믿음과 희망, 그리고 참사랑에 대한 안내서』 제4장[2]에서 말했듯, 악은 오직 선 안에 존재한다. 그런데 죄과의 악은 덕이나 은총의 선 안에 존재할 수 없다. 왜냐하면 그것[3]에 대립하기 때문이다. 그러므로 반드시 본성의 선 안에 있어야 한다. 따라서 그것[본성의 선]을 전적으로 사라지게 만들지 않는다.

---

2. Augustinus, *Enchiridion de fide, spe et caritate*, E. Evans(ed.), Turnhout, Brepols, 1969, cap.4: "nullum est quod dicitur malum si nullum sit bonum."
3. 덕과 은총의 선함.

Respondeo dicendum quod, sicut dictum est,[4] bonum naturae quod per peccatum diminuitur, est naturalis inclinatio ad virtutem. Quae quidem convenit homini ex hoc ipso quod rationalis est, ex hoc enim habet quod secundum rationem operetur, quod est agere secundum virtutem. Per peccatum autem non potest totaliter ab homine tolli quod sit rationalis, quia iam non esset capax peccati. Unde non est possibile quod praedictum naturae bonum totaliter tollatur.

Cum autem inveniatur huiusmodi bonum continue diminui per peccatum, quidam[5] ad huius manifestationem usi sunt quodam exemplo, in quo invenitur aliquod finitum in infinitum diminui, nunquam tamen totaliter consumi. Dicit enim Philosophus, in III *Physic.*,[6] quod si ab aliqua magnitudine finita continue auferatur aliquid secundum eandem quantitatem, totaliter tandem consumetur, puta si a quacumque quantitate finita semper subtraxero mensuram palmi. Si vero fiat subtractio semper secundum eandem proportionem, et non secundum eandem quantitatem, poterit in infinitum subtrahi, puta, si quantitas dividatur in duas partes,[7] et a dimidio subtrahatur dimidium, ita in infinitum poterit procedi; ita tamen quod semper quod posterius subtrahitur, erit minus eo quod prius subtrahebatur.—Sed hoc in proposito non habet locum, non enim sequens peccatum minus diminuit bonum naturae quam praecedens, sed forte magis, si sit gravius.

제85문 제2절

[답변] 앞에서 언급했던 것[4]처럼 죄로 인해 축소되는 본성의 선은 덕을 향한 본성적 경향이다. [본성적 경향은] 인간이 이성적이라는 사실로 인해 인간에게 부합하는데, 인간이 이성에 따라 작용한다는, 즉 인간이 덕스럽게 행위한다는 것은 바로 그 때문이다. 그런데 죄는 인간이 이성적이라는 그 사실을 제거하지 못한다. [만일 제거한다면] 인간은 죄를 지을 수 없을 것이기 때문이다. 따라서 이 본성의 선이 완전히 제거된다는 것은 가능하지 않다.

그런데 이 동일한 본성의 선은 죄에 의해서 끊임없이 줄어들 수 있기 때문에, 어떤 이들[5]은 이를 분명하게 입증하기 위해 어떤 유한한 것이 무한히 줄어도 전적으로 사라지지는 않음을 예로 활용한다. 철학자는 「자연학」 제3권에서[6] 유한한 크기를 가진 것으로부터 동일한 양을 계속 떼어 내면, 마침내 완전히 사라질 것이라고 말했다. 예컨대 내가 어떤 특정 유한한 크기를 가진 것으로부터 계속 한 뼘씩 떼어 내는 경우를 생각해 보라. 그런데 그것은 동일한 양이 아니라 동일한 비율로 떼어 낸다면, 영원토록 떼어 낼 수 있을 것이다. 예컨대 양적인 것을 두 부분으로[7] 가르고, 그리고 이렇게 가른 부분에서 또 절반을 가른다면, 항상 나중에 떼어 낸 것이 이전에 떼어 낸 것보다는 더 작을 것이어서, [이 과정을] 무한히 진행할 수 있을 것이다.— 그러나 이런 [논의는] 여기에 적절치 않다. 이후에 지은 죄가 앞서 지은 죄보다 더 심각한 죄일 경우, [이후에 지은 죄가 앞서 지은 죄보다] 본성의 선함을 덜 줄인다기보다는, 오히려 훨씬 더 많이 줄이기 때문이다.

---

4. a.1.
5. Guilelmus Altissiodorensis, *Summa Aurea*, pars.2, tr.6, q.5(fol.87a.).
6. Aristoteles, *Physica*, III, 6, 206b3; S. Thomas, lect.10, n.9.
7. 반으로.

q.85, a.2

Et ideo aliter est dicendum quod praedicta inclinatio intelligitur ut media inter duo, fundatur enim sicut in radice in natura rationali, et tendit in bonum virtutis sicut in terminum et finem. Dupliciter igitur potest intelligi eius diminutio, uno modo, ex parte radicis; alio modo, ex parte termini. Primo quidem modo non diminuitur per peccatum, eo quod peccatum non diminuit ipsam naturam, ut supra[8] dictum est. Sed diminuitur secundo modo, inquantum scilicet ponitur impedimentum pertingendi ad terminum. Si autem primo modo diminueretur, oporteret quod quandoque totaliter consumeretur, natura rationali totaliter consumpta. Sed quia diminuitur ex parte impedimenti quod apponitur ne pertingat ad terminum, manifestum est quod diminui quidem potest in infinitum, quia in infinitum possunt impedimenta apponi, secundum quod homo potest in infinitum addere peccatum peccato, non tamen potest totaliter consumi, quia semper manet radix talis inclinationis. Sicut patet in diaphano[9] corpore, quod quidem habet inclinationem ad susceptionem lucis ex hoc ipso quod est

---

8. a.1.
9. "dyaphanum"(혹은 dyafanum)은 공기, 물 유리 등 빛이 통과할 수 있는 사물의 성질을 일컫는다. 이 부분에서 투명체에 대한 논의의 표준 문헌(locus classicus)이자 근간은 아리스토텔레스의 『영혼에 관하여』 제2권 제7장(418b4-74)이다: "내가 의미하는 '투명한'이란 단순하게 그 자체로서 보이는 것이 아니라, '다른 것의' 색깔 때문에 보이는 것을 말한다. 공기, 물, 그리고 다른 많은 고형체들이 그러한 종류들이다. 왜냐하면 그것들은 물인 한에 있어서 투명한 것도 아니고, 공기인 한에 있어서 투명한 것도 아니며, 그것들 내부와 영원한 상위의 물질 내부에 존

이에 따라 앞서 언급한 경향은 이성적인 본성의 뿌리에 근간을 두고 덕의 선을 향해 마치 종착점(terminus) 혹은 목적을 향하듯 펼쳐 나가기 때문에, 양자의 중간[에 해당하는 것]으로 달리 이해해야 한다. 그러므로 본성의 선함의 파괴를 두 가지 방식, 즉 첫째, 뿌리라는 편에서, 그리고 둘째, 종착점이라는 편에서 이해할 수 있다. 첫째 방식에서 본성의 선은 줄어들지 않는다. 왜냐하면 앞서 언급했듯[8] [죄로 인해] 본성이 파괴되는 것이 아니기 때문이다. 하지만 둘째 방식으로는 목적에 이르는 데에 장애가 된다는 점에서 본성의 선이 줄어든다. 그런데 만일 첫째 방식으로 줄어든다면, 이성적 본성을 철저하게 파괴하는 모든 경우에 [본성의 선은] 반드시 사라지게 될 것이다. 그런데 [본성의 선은] 목적에 이르지 못하도록 장애가 된다는 면에서 줄어들기 때문에, 무한히 줄어들 수 있음은 더 말할 나위 없이 명백하다. 왜냐하면 인간이 죄에 죄를 무한히 덧붙일 수 있다는 점에서 무한히 훼방을 놓을 수 있기 때문이다. 그럼에도 [본성의 선함이] 총체적으로 파괴될 수는 없다. 왜냐하면 그런 이끌림의 뿌리가 항상 남아 있기 때문이다. 그래서 투명하다는 바로 그 사실로 인해 빛을 받아들일 수 있는 투명체(dyaphanum)[9]의 경우로부터 드러나듯, [투명함이] 항상 그것의 본성에 남아 있는 경우에도, 흐릿함이 끼어

재하는 본성이 같기 때문이다."이다. 한편 "투명함"을 아리스토텔레스 『영혼에 관하여』 구번역(translatio vetus)의 역어인 "lucidum", 즉 투명체와 발광체를 동시에 뜻하는 단어 대신 "dyaphanum"이라는 단어를 사용했다는 점에서 토마스 아퀴나스가 이 부분을 저술할 때, 굴리엘무스 모에르베케의 새 번역(translatio nova)을 참고했음을 확인할 수 있다. 이와 관련해서는 로저 베이컨, 《상형증가론》, 이무영 옮김, 2021(근간) 제1부 제2장 중 공통 감각물에 대한 논의 가운데 투명체에 대한 부분의 각주 참조. (이 부분에 대한 미출판 원고를 참고할 수 있게 해준 역자 선생님께 감사드린다.)

q.85, a.2

diaphanum, diminuitur autem haec[10] inclinatio vel habilitas ex parte nebularum supervenientium, cum tamen semper maneat in radice naturae.[11]

AD PRIMUM ergo dicendum quod obiectio illa procedit quando fit diminutio per subtractionem. Hic[12] autem fit diminutio per appositionem impedimenti, quod neque tollit neque diminuit radicem inclinationis, ut dictum est.[13]

AD SECUNDUM dicendum quod inclinatio naturalis est quidem tota uniformis, sed tamen habet respectum et ad principium et ad terminum, secundum quam diversitatem quodammodo diminuitur et quodammodo non diminuitur.

AD TERTIUM dicendum quod etiam in damnatis manet naturalis inclinatio ad virtutem, alioquin non esset in eis remorsus conscientiae. Sed quod non reducatur in actum, contingit quia deest gratia, secundum divinam iustitiam.[14] Sicut etiam in caeco remanet aptitudo ad videndum in ipsa radice naturae, inquantum est animal naturaliter habens visum, sed non reducitur in actum, quia deest causa quae reducere possit formando organum quod requiritur ad videndum.

---

10. 선 혹은 덕을 향한.
11. (*추가주) 악에 의한 선의 축소는 자연의 영역에서는 무한히 진행될 수 없다. … 그러나 도덕의 영역에서 이러한 축소는 무한히 진행된다. 왜냐하면 지성과 의지는 그 활동에 한계를 갖지 않기 때문이다. 즉 지성은 이해에서 무한히 나아갈 수 있다. … 의지 역시 마찬가지로 원함에서 무한히 나아갈 수 있으니까 말이다. … 그런데 의지가 부당한 목적을 더 많이 향할수록, 마땅히 향해야 할 본래의 목적으로 돌아오는 것은 그만큼 더 어려워진다. 이것은 죄의 습관에 의해 이미 악덕의 습성에 물들어 버린 사람들에게서 알 수 있는 바이다. 그러므로 본

든다(nebula superveniens)는 면에서 [빛을 향한] 이끌림[10] 혹은 [빛을 받아들이는] 자질은 줄어든다.[11]

[해답] 1. 줄어듦이 떼어 냄으로 인해 일어나는 경우로부터 이런 반론이 나온다. 그런데 이 경우[12]는 훼방 놓음(appositio impedimenti)을 통해 일어나는 것으로, 앞서 언급한 바[13]와 같이 이끌림의 뿌리를 사라지게 하거나 파괴하지 않는다.

2. 본성적 경향은 말할 나위 없이 철저히 단일하며 한결같지만(uniformis), 그 원리와 목적에 관련되며, 이 구분에 따라 어떤 방식으로는 줄어들지만 다른 방식으로는 줄어들지 않는다.

3. 단죄 받은 이들에게도 덕을 향한 경향은 남아 있다. 그렇지 않다면, 그들은 양심의 가책을 느끼지 않을 것이다. 그런데 [이런 경향이] 현실태로 이행되지 않은 것은 하느님의 정의에 따라 은총을 결(缺)하고 있기 때문이다.[14] 이는 동물이라면 본성상 시각을 보유하는 만큼, 눈먼 자에게도 그의 본성의 뿌리에 시각에 대한 적성이 남아 있는 것과 같다. 하지만 이런 적성은 현실태로 이행하지 않는다. 왜냐하면 보는 데 필요한 기관을 형성함으로써 [시각을] 현실태로 이행시킬 수 있는 원인을 결하므로 시각이 현실화되지 않기 때문이다.

성적인 기질의 선은 행습의 악에 의해 무한히 감소할 수 있다. 그럼에도 불구하고 그 선은 결코 완전히 제거되지는 못할 것이며 [본성 자체가 바뀌지 않고] 남아 있는 한 언제나 본성과 동반할 것이다.(ScG, III, 12 이 부분의 번역문은 토마스 아퀴나스, 『대이교도대전』 III-1, 김율 역, 왜관: 분도출판사, 2019을 일부 수정함)

12. 죄로 인해 본성의 선함이 줄어드느냐 줄어들지 않느냐를 논하는 경우.
13. 본 절의 '답변' 참조.
14. (*추가주) 저주받은 자들의 경우에 은총[을 받는 것]이 불가능하다는 것은 선을 향한 본성적 소질의 철저한 제거로 인한 것이 아니라, 악을 향한 의지의 완고함과 영원히 그들에게 은총을 내려 주시지 않겠다는 신적 심판의 확고부동함으로 인한 것이다.(De Malo, q.2, a.12, ad6)

Articulus 3
Utrum convenienter ponantur vulnera naturae ex peccato consequentia, infirmitas, ignorantia, malitia et concupiscentia

Ad tertium sic proceditur. Videtur quod inconvenienter ponantur vulnera naturae esse, ex peccato consequentia, infirmitas, ignorantia, malitia et concupiscentia.

1. Non enim idem est effectus et causa eiusdem. Sed ista ponuntur causae peccatorum, ut ex supradictis[1] patet. Ergo non debent poni effectus peccati.

2. Praeterea, malitia nominat quoddam peccatum. Non ergo debet poni inter effectus peccati.

3. Praeterea, concupiscentia est quiddam naturale, cum sit actus virtutis concupiscibilis. Sed illud quod est naturale, non debet poni vulnus naturae. Ergo concupiscentia non debet poni vulnus naturae.

4. Praeterea, dictum est[2] quod idem est peccare ex infirmitate, et ex passione. Sed concupiscentia passio quaedam est. Ergo non debet contra infirmitatem dividi.

5. Praeterea, Augustinus, in libro *de Natura et Gratia*,[3] ponit

---
1. q.76, a.1; q.77, aa.3-5; q.78, a.1.
2. Q.77, a.3.

제3절 나약함과 무지함, 그리고 악의와 욕망을 죄의 결과로서 본성이 입은 상처로 간주하는 것은 적절한가?

Parall.: *De malo*, q.2, a.11.
Doctr. Eccl.: 제81문과, 본 제85문 제1절에서 거론한 내용을 참조할 것.

[반론] 셋째에 대해서는 다음과 같이 진행된다. 나약함(infirmitas)과 무지함(ignorantia), 악의(malitia), 그리고 욕망(concupiscentia)을 죄의 결과로 본성이 입은 상처(vulnera)로 간주하는 것은 적절하지 않은 것처럼 보인다.

1. 원인과 결과는 동일하지 않다. 그런데 앞서 다룬 내용[1]에서 확인한 것처럼 이들은 죄의 원인으로 간주된다. 그러므로 죄의 결과로 간주되어서는 안 된다.

2. 악의는 어떤 죄의 이름이다. 그러므로 죄의 결과 중 하나로 간주되어서는 안 된다.

3. 욕망은 욕정적 능력의 행위에 자연적인 어떤 것이다. 그런데 자연적인 것을 본성의 상처로 간주해서는 안 된다. 따라서 욕망을 본성의 상처로 간주해서는 안 된다.

4. 나약함으로 인해 죄를 짓는 것과, 정념으로 인해 죄를 짓는 것은 동일하다고 말한다.[2] 그런데 욕망은 일종의 정념이다. 따라서 나약함에 반대되는 것으로 구분해서는 안 된다.

5. 아우구스티누스는 『본성과 은총』에서[3] "죄인들의 영혼에 내린

---

3. Augustinus, *De natura et gratia*, C. F. Urba et J. Zycha(eds.), Turnhout, Brepols, 1913: 67. 814, p.295.21: "nam sunt reuera omnia peccanti animae duo ista poenalia, ignorantia et difficultas. Ex ignorantia dehonestat error, ex difficultate cruciatus affligit."

duo poenalia animae peccanti, scilicet *ignorantiam et difficultatem*, ex quibus oritur *error et cruciatus*: quae quidem quatuor non concordant istis quatuor. Ergo videtur quod alterum eorum insufficienter ponatur.

IN CONTRARIUM est auctoritas Bedae.[4]

RESPONDEO dicendum quod per iustitiam originalem perfecte ratio continebat inferiores animae vires, et ipsa ratio a Deo perficiebatur ei subiecta.[5] Haec autem originalis iustitia subtracta est per peccatum primi parentis, sicut iam[6] dictum est. Et ideo omnes vires animae remanent quodammodo destitutae proprio ordine, quo naturaliter ordinantur ad virtutem, et ipsa destitutio vulneratio naturae dicitur. Sunt autem quatuor potentiae animae quae possunt esse subiecta virtutum, ut supra[7] dictum est, scilicet ratio, in qua est prudentia; voluntas, in qua est iustitia; irascibilis, in qua est fortitudo; concupiscibilis, in qua est temperantia. Inquantum ergo ratio destituitur suo ordine ad verum, est vulnus ignorantiae; inquantum vero voluntas destituitur ordine ad bonum, est vulnus malitiae; inquantum vero irascibilis destituitur suo ordine ad arduum, est vulnus infirmitatis; inquantum vero concupiscentia destituitur ordine

---

4. 네 가지 상처입은 본성에 대한 베다의 구절을 누가 작성했는지는 현재까지 알려져 있지 않다. Beda *In Luc.*, III, 10, 30(ML 92, 469A); *Glossa ord., super Luc.* 10,

두 형벌", 즉 "무지와 곤경"(difficultas)으로부터 "오류"(error)와 "극심한 고통"(cruciatus)이 유래한다고 생각한다. 그런데 이 네 가지와 저 네 가지는 일치하지 않는다. 따라서 이 가운데 어느 한쪽은 적절하지 않게 고찰한 것이다.

[재반론] 그러나 반대로 베다의 권위[4]가 있다.

[답변] 본래적 의로움을 통해 이성은 완벽하게 하위 영혼의 힘들을 지배하고 있었고, 그 이성은 하느님께 순종함으로써 그분에 의해 승화되었다.[5] 그런데 앞에서 언급했듯,[6] 이 동일한 본래적 의로움은 원조(元祖)의 죄로 인해 박탈당했다. 그래서 본성적으로 덕을 향해 질서 잡혀 있던 영혼의 모든 힘은 모종의 방식으로 고유한 질서를 상실했는데, 이 상실 자체를 본성의 상처 입음이라고 부른다. 또한 앞에서 언급했듯이,[7] 덕의 주체가 될 수 있는 영혼의 네 가지 힘은 현명이 자리 잡는 이성과, 정의가 자리 잡는 의지, 용기가 자리 잡는 분노적 힘, 그리고 절제가 자리 잡는 욕정적 힘이다. 그러므로 이성이 참됨(verum)을 향한 질서를 상실하는 만큼 무지함이라는 상처, 의지가 선을 향한 질서를 상실하는 만큼 악의라는 상처, 분노적 욕구가 난관(arduum)을 향한 질서를 상실하는 만큼 나약함이라는 상처, 그리고 욕정적 능력이 이성에 의해 절제된 쾌락을 향한 질서를 상실

30(PL 14, 286D). Cf. *Operum omnium. S. Bonaventurae* [Ad Claras aquas; 1882-1902], II, p.528, n.2; *Summae Theol, Alexandr; Halensis* [Ad Claras aquas, 1924-1930], I. p.198, n.3; II, p.716, n.9. Cf. I, q.101, a.1, obj2.
5. Cf. I, q.95, a.1.
6. q.81, a.2.
7. q.61, a.2.

q.85, a.3

ad delectabile moderatum ratione, est vulnus concupiscentiae.[8]

Sic igitur ita quatuor sunt vulnera inflicta toti humanae naturae ex peccato primi parentis. Sed quia inclinatio ad bonum virtutis in unoquoque diminuitur per peccatum actuale, ut ex dictis[9] patet, et ista sunt quatuor vulnera ex aliis peccatis consequentia, inquantum scilicet per peccatum et ratio hebetatur, praecipue in agendis; et voluntas induratur ad bonum; et maior difficultas bene agendi accrescit; et concupiscentia magis exardescit.[10]

AD PRIMUM ergo dicendum quod nihil prohibet id quod est effectus unius peccati, esse causam peccati alterius. Ex hoc enim quod anima deordinatur per peccatum praecedens, facilius inclinatur ad peccandum.

AD SECUNDUM dicendum quod malitia non sumitur hic pro peccato, sed pro quadam pronitate voluntatis ad malum;[11] secundum quod dicitur *Gen.* 8, [21]: *Proni sunt sensus hominis ad malum ab adolescentia sua.*[12]

AD TERTIUM dicendum quod, sicut supra[13] dictum est,

---

8. 성 토마스 아퀴나스는 사도가 법의 효용에 대해 논한 갈라티아서 3,19에 대해 다음과 같이 설명한다: "옛 법은 베다가 꼽은 죄의 네 가지 결과, 즉 악의(malitia), 나약함(infirmitas), 욕망(concupiscentia) 그리고 무지(ignorantia) 때문에 주어진 것이다."(*In Ep. ad Gal.*, 3, lect.7, ed Marietti, pp.561b-562a)
9. aa. 1-2.
10. (*추가주) 성 토마스 아퀴나스는 이 생에서 육욕은 치유되지 않는다고 논한다: "하느님 당신께서는 이를 치유하실 수 있지만 당신 지혜의 질서에 따라 이 생

하는 만큼 욕망이라는 상처가 존재한다.[8]

따라서 이 네 가지는 원조의 죄가 인간 본성 전체에 입힌 상처다. 그러나 앞에서 언급한 것[9]에서 확인할 수 있는 것처럼, 누구에게서든 덕의 선을 향한 경향은 본죄에 의해 줄어들 수 있기에, 죄가 이성을 무뎌지게(hebetare) 하고, 무엇보다도 행위함과 관련하여 의지가 선에 대해 무감각해지도록(indurare) 함으로써 선하게 행동하는 것을 어렵게 만들며, 욕망이 불타오르게 하는 이상, 이 네 가지 [상처는] 또한 다른 죄의 결과이기도 하다.[10]

[해답] 1. 어떤 것도 하나의 죄의 결과가 다른 죄의 원인이 되는 것을 막지 않는다. 왜냐하면 이런 까닭에 앞서 지은 죄를 통해 영혼이 질서를 잃고 죄지음을 향해 더 쉽게 이끌려 가기 때문이다.

2. 여기에서는 악의를 죄라고 여기는 것이 아니라, "악을 향한 의지의 기욺(pronitas)[11]이라고 감각(sensus)은 그의 어린 시절부터 악을 향한다."라는 창세기 8장[12]에서 언급한 바에 따라 여겨야 한다.

3. 앞에서 언급한 것[13]처럼 욕망은 인간의 이성에 복종하는 만큼

에서는 치료되지 않도록 해 놓으셨다. 마찬가지로 그리스도께서 우리에게 가져다주신 은총이라는 선물은 인류의 원조의 죄보다 더 큰 영향을 미칠 수 있음에도, 앞서 언급한 타락상을 제거하도록 정해진 것이 아니라, [각] 인격의 죄를 사하도록 정해진 것이다. 마찬가지로 이런 유형의 타락은 애초에 구성되었던 자연의 상태에 어긋나지만, 그럼에도 그 자체에 남겨진 자연의 원리들을 따른다. 또한 교만이라는 악덕을 피하는 데에도 유용하다. 그래서 육욕이라는 취약성은 남아 있다."(*De verit.*, q.25, a.7, ad5)

11. Cf. q.78, a.1, ad3.
12. 창세 8,21: "사람의 마음은 어려서부터 악한 뜻을 품기 마련…." 한편 대중 라틴말 성경에서는 다음과 같이 새긴다: "sensus enim et cogitatio humani cordis in malum prona sunt ab adulescentia sua."
13. q.82, a.3, ad3.

concupiscentia intantum est naturalis homini, inquantum subditur rationi. Quod autem excedat limites rationis, hoc est homini contra naturam.

AD QUARTUM dicendum quod infirmitas communiter potest dici omnis passio, inquantum debilitat robur animae et impedit rationem. Sed Beda accepit infirmitatem stricte, secundum quod opponitur fortitudini, quae pertinet ad irascibilem.[14]

AD QUINTUM dicendum quod difficultas quae ponitur in libro Augustini, includit ista tria quae pertinent ad appetitivas potentias, scilicet malitiam, infirmitatem et concupiscentiam, ex his enim tribus contingit quod aliquis non facile tendit in bonum. Error autem et dolor sunt vulnera consequentia, ex hoc enim aliquis dolet, quod infirmatur circa ea quae concupiscit.

Articulus 4
Utrum privatio modi, speciei et ordinis, sit effectus peccati

Ad quartum sic proceditur. Videtur quod privatio modi, speciei et ordinis, non sit effectus peccati.

1. Dicit enim Augustinus, in libro *de Natura Boni*,[1] quod *ubi haec tria magna sunt, magnum bonum est; ubi parva, parvum; ubi nulla, nullum*. Sed peccatum non annullat bonum naturae. Ergo

---

14. Cf. q.77, a.3.

인간에게 자연적이다. 한편 욕망은 이성의 제한을 벗어나는 만큼 인간의 본성에 어긋난다.

4. 일반적으로(communiter), 영혼의 굳건함(robur)을 약화시키고 이성을 방해하는 한에서 모든 정념을 나약함이라 일컬을 수 있다. 그런데 베다는 나약함을 좁은 의미로(stricte), 즉 분노적 힘에 속하는 용기에 대립하는 것으로서 받아들인다.[14]

5. 아우구스티누스가 생각한 곤경은 욕구적 능력에 속하는 그 셋, 즉 사악함, 나약함, 그리고 욕망을 포함한다. 왜냐하면 이 세 가지로 인해 어떤 사람은 쉽게 선을 지향하기에 이르지 못하기 때문이다. 따라서 오류와 고통은 [죄에] 따른 결과다. 이들로 인해 어떤 이는 고통을 받아, 그가 욕망의 대상과 관련하여 무력해지기 때문이다.

제4절 양태와 상과 질서의 결핍은 죄의 결과인가?

Parall.: *De virtut.*, q.1, a.8, ad12.

[반론] 넷째에 대해서는 다음과 같이 진행된다. 양태와 상과 질서의 결핍은 죄의 결과가 아닌 것처럼 보인다.

1. 아우구스티누스는 『선의 본성에 관하여』 제3장[1]에서 "이 셋이 큰 곳에 선도 크고, 작은 곳에서는 선도 작으며, 없는 곳에는 선이 없다."고 말했다. 그런데 죄는 본성의 선을 없애지 않는다. 따라서 죄

---

1. Augustinus, *De nat. boni*, 3, 856.26: Rursus haec tria ubi magna sunt, magnae naturae sunt; ubi parua sunt, parvae naturae sunt; ubi nulla sunt, nulla natura est.

non privat modum, speciem et ordinem.

2. Praeterea, nihil est causa sui ipsius. Sed ipsum peccatum est *privatio modi, speciei et ordinis*, ut Augustinus dicit, in libro *de Natura Boni*.[2] Ergo privatio modi, speciei et ordinis, non est effectus peccati.

3. Praeterea, diversa peccata diversos habent effectus. Sed modus, species et ordo, cum sint quaedam diversa, diversas privationes habere videntur. Ergo per diversa peccata privantur. Non ergo est effectus cuiuslibet peccati privatio modi, speciei et ordinis.

SED CONTRA est quod peccatum est in anima sicut infirmitas in corpore; secundum illud Psalmi 6, [3]: *Miserere mei, domine, quoniam infirmus sum.*[3] Sed infirmitas privat modum, speciem et ordinem ipsius corporis. Ergo peccatum privat modum, speciem et ordinem animae.

RESPONDEO dicendum quod, sicut in Primo[4] dictum est, modus, species et ordo consequuntur unumquodque bonum creatum inquantum huiusmodi, et etiam unumquodque ens. Omne enim esse et bonum consideratur per aliquam formam, secundum quam sumitur species. Forma autem uniuscuiusque rei, qualiscumque sit, sive substantialis sive accidentalis, est

---

2. Augustinus, *op. cit.*, 4.

는 양태와 상, 그리고 질서를 없애지 않는다.

2. 어떤 것도 자신의 원인이 아니다. 그런데 죄는 아우구스티누스가 『선의 본성에 관하여』에서 말했듯 "양태와 상과 질서의 결핍"이다.[2] 따라서 어떤 죄가 되었든 그것의 결과가 양태와 상과 질서의 결핍은 아니다.

3. 서로 다른 죄는 서로 다른 결과를 갖는다. 그런데 양태, 상, 그리고 질서는 서로 다른 어떤 것이기에 다양한 결핍을 갖는 것으로 보인다. 그러므로 이들은 서로 다른 죄에 의해 결핍된다. 따라서 양태와 상, 그리고 질서의 결핍은 모든 죄들의 결과가 아니다.

[재반론] 시편 6장 [3절]에서 "주님, 저는 쇠약한 자이오니, 저를 불쌍히 여기소서."[3]라고 말한 것에 따라 육체에 나약함(infirmitas)이 존재하듯이 영혼에는 죄가 있다. 그런데 나약함은 육체 그 자체의 양태와, 상, 그리고 질서를 빼앗는다. 따라서 죄는 영혼의 양태와 상, 그리고 질서를 빼앗는다.

[답변] 첫 부분[4]에서 말한 것처럼 양태와 상과 질서는 여하간 창조된 선(善)을 이렇게 [선한] 만큼 따르며, 그래서 또한 모든 존재자를 따른다. 왜냐하면 모든 존재와 선은, 그에 따라 그것이 상(species)을 갖게 되는 어떤 형상(forma)에 의해 고찰하기 때문이다. 그런데 모든 사물의 형상은 실체적 형상이든 우유적 형상이든 어떤 유형이든 간에 어

---

3. [성경]: "저에게 자비를 베푸소서, 주님, 저는 쇠약한 몸입니다."
4. q.5, a.5.

secundum aliquam mensuram, unde et in VIII *Metaphys.*[5] dicitur quod *formae rerum sunt sicut numeri.* Et ex hoc habet modum quendam, qui mensuram respicit. Ex forma vero sua unumquodque ordinatur ad aliud.

Sic igitur secundum diversos gradus bonorum, sunt diversi gradus modi, speciei et ordinis. Est ergo quoddam bonum pertinens ad ipsam substantiam naturae, quod habet suum modum, speciem et ordinem, et illud nec privatur nec diminuitur per peccatum. Est etiam quoddam bonum naturalis inclinationis, et hoc etiam habet suum modum, speciem et ordinem, et hoc diminuitur per peccatum, ut dictum est,[6] sed non totaliter tollitur. Est etiam quoddam bonum virtutis et gratiae, quod etiam habet suum modum, speciem et ordinem, et hoc totaliter tollitur per peccatum mortale. Est etiam quoddam bonum quod est ipse actus ordinatus, quod etiam habet suum modum, speciem et ordinem, et huius privatio est essentialiter ipsum peccatum. Et sic patet qualiter peccatum et est privatio modi, speciei et ordinis; et privat vel diminuit modum, speciem et ordinem.[7]

Unde patet responsio AD DUO PRIMA.

AD TERTIUM dicendum quod modus, species et ordo se consequuntur, sicut ex dictis[8] patet. Unde simul privantur et diminuuntur.

떤 척도(mensura)에 따른다. 그래서 『형이상학』 제8권[5]에서 "사물들의 형상은 수와 유사하다."고 논한다. 따라서 형상은 그 척도에 부합하는 모종의 양태를 갖는다. 결국 형상으로 인해 각 사물은 다른 사물을 향한 질서에 편입된다.

이렇게 다양한 선의 등급에 따라 다양한 양태와 상, 그리고 질서가 존재한다. 그러므로 본죄의 실체 자체에 속하는 선이 있는데, 그것은 자신의 양태와 상, 그리고 질서를 가지고 있으며 죄로 인해 없어지지도 줄어들지도 않는다. 나아가 본성적 이끌림이라는 선 역시 나름의 양태와 상, 그리고 질서를 갖는데, 이는 앞서 언급했듯[6] 죄로 인해 줄어들지만 총체적으로 사라지지는 않는다. 또한 덕과 은총이라는 선도 나름의 양태와 상, 그리고 질서를 갖는데, 이는 사죄(peccaum mortale)에 의해 총체적으로 제거된다. 덧붙여 그 자체로 질서 정연한 행위 그 자체에 있는 선이 있는데 이것 역시 양태와 상, 그리고 질서를 갖는다. 그런데 이것의 결핍은 본질적으로 죄 그 자체다. 이렇게 어떤 의미에서 죄가 양태와 상, 그리고 질서의 결핍이며, 또 어떤 방식으로 양태와 상, 그리고 질서를 없애거나 줄이는지가 드러난다.[7]

[해답] 이에 따라 두 번째와 첫 번째 반론에 대한 해답이 드러난다.

3. 앞서 언급한 것에서 확인했듯,[8] 양태와 상, 그리고 질서는 상호 간에 뒤따른다. 따라서 함께 없어지며 줄어든다.

---

5. Aristotle, *Metaphys.*, VIII, 31043b36: "정의는 일종의 수이기 때문이다(diffinitio numerus quidam)"; S. Thomas, lect.3, nn.1723ff.
6. aa.1-2.
7. Cf. q63, a.2.
8. 본론 참조.

Articulus 5

Utrum mors et alii corporales defectus sint effectus peccati

Ad quintum sic proceditur. Videtur quod mors et alii corporales defectus non sint effectus peccati.

1. Si enim causa fuerit aequalis, et effectus erit aequalis. Sed huiusmodi defectus non sunt aequales in omnibus, sed in quibusdam huiusmodi defectus magis abundant, cum tamen peccatum originale sit in omnibus aequale, sicut dictum est,[1] cuius videntur huiusmodi defectus maxime esse effectus. Ergo mors et huiusmodi defectus non sunt effectus peccati.

2. Praeterea, remota causa, removetur effectus. Sed remoto omni peccato per Baptismum vel poenitentiam, non removentur huiusmodi defectus. Ergo non sunt effectus peccati.

3. Praeterea, peccatum actuale habet plus de ratione culpae quam originale. Sed peccatum actuale non transmutat naturam corporis ad aliquem defectum. Ergo multo minus peccatum originale. Non ergo mors et alii defectus corporales sunt effectus peccati.

SED CONTRA est quod Apostolus dicit, *Rom.* 5, [12]: *Per unum hominem peccatum in hunc mundum intravit, et per peccatum mors.*

제85문 제5절

제5절 죽음과 그 밖의 육체적 불행도 죄의 결과인가?

Parall.: II-II, q.164, a.1; *In Sent.*, II, d.30, q.1, a.1; III, d.16, q.1, a.1; IV, Prolog., d.4, q.2, a.1, qc.3; *ScG*, 52; *De malo*, q.5, a.4; *Compend. Theol.*, c.193; *In Ep. ad Rom.*, c.5, lec.3; *In Ep. ad Heb.*, c.9, lec.5.

[반론] 다섯째는 다음과 같이 진행된다. 죽음과 여타 육체적 결함은 죄의 결과가 아닌 것처럼 보인다.

1. 원인이 동일하다면 결과도 동일할 것이다. 하지만 앞서 언급했듯[1] 이런 결함을 가장 많이(maxime) 야기한 것으로 보이는 원죄가 모든 사람에게 동일할지라도, 모든 사람에게 이런 결함은 동일하지 않으며 어떤 사람들에게는 다른 사람보다 더 많이 있다. 따라서 죽음과 이런 유형의 결함은 원죄의 결과가 아니다.

2. 원인이 사라지면, 결과도 사라진다. 그런데 이런 결함들은 모든 죄가 세례와 참회를 통해 사라진 이후에도 사라지지 않는다. 따라서 이들은 죄의 결과가 아니다.

3. 본죄는 원죄보다 더 죄과의 근거를 갖는다. 그런데 본죄는 어떤 결함을 초래하여 육체의 본성을 변화시키는 것이 아니다. 이에 따라 원죄는 훨씬 덜 그렇게 한다. 그러므로 죽음과 그 밖의 육체적 결함은 죄의 결과가 아니다.

[재반론] 사도는 로마서 5장에서 "한 사람을 통하여 죄가 이 세상에 들어왔고 죄를 통하여 죽음이 들어"왔다고 말한다.

---

1. q.82, a.4.
2. Cf. q.75, a.4; q.76, a.1; q.88, a.3.

Respondeo dicendum quod aliquid est causa alterius dupliciter, uno quidem modo, per se; alio modo, per accidens.² Per se quidem est causa alterius quod secundum virtutem suae naturae vel formae producit effectum, unde sequitur quod effectus sit per se intentus a causa. Unde cum mors et huiusmodi defectus sint praeter intentionem peccantis, manifestum est quod peccatum non est per se causa istorum defectuum.

Per accidens autem aliquid est causa alterius, si sit causa removendo prohibens, sicut dicitur in VIII *Physic*.³ quod *divellens columnam, per accidens movet lapidem columnae superpositum*. Et hoc modo peccatum primi parentis est causa mortis et omnium huiusmodi defectuum in natura humana, inquantum per peccatum primi parentis sublata est originalis iustitia, per quam non solum inferiores animae vires continebantur sub ratione absque omni deordinatione, sed totum corpus continebatur sub anima absque omni defectu, ut in Primo⁴ habitum est. Et ideo, subtracta hac originali iustitia per peccatum primi parentis, sicut vulnerata est humana natura quantum ad animam per deordinationem potentiarum, ut supra⁵ dictum est; ita etiam est corruptibilis effecta per deordinationem ipsius corporis.

Subtractio autem originalis iustitiae habet rationem poenae, sicut etiam subtractio gratiae. Unde etiam mors, et omnes defectus corporales consequentes, sunt quaedam poenae originalis peccati. Et quamvis huiusmodi defectus non sint

[답변] 어떤 것은 다른 것에 대해 두 가지 방식으로, 즉 한 가지 방식으로는 그 자체로서, 그리고 다른 방식으로는 우유의 방식으로 원인이 된다.² 어떤 것은 그 자체 다른 것의 원인이 되어 자신의 본성 혹은 형상의 힘으로 결과를 산출한다. 그러므로 결과는 원인이 그 자체 의도한 것으로 도출된 것이다. 그런데 죽음과 이런 유형의 결함은 죄를 지은 자의 지향을 벗어나기(praeter) 때문에, 죄가 그 자체로 이런 결함의 원인이 아니라는 것은 명백하다.

한편 장애를 제거함으로써 원인이 되는 경우, 어떤 것은 우유적으로 다른 것의 원인이 될 수 있다. 『자연학』 제8권³에서 논하는 것처럼, 어떤 사람이 기둥을 뽑아내면서 그 위에 얹혀 있던 돌을 우유적으로 옮기는 경우가 그러하다. 그리고 제1부에서⁴ 언급했듯이, 이런 방식으로, 즉 원조의 죄로 인해 영혼의 하위 능력들이 어떤 무질서(deordinatio)도 없이 이성에 붙들려 있게 했음은 물론, 육체 전체가 어떤 결함도 없이 영혼에게 붙들려 있도록 했던 본래의 의로움을 박탈당했다는 점에서, 원조의 죄는 인간 본성 안에 있는 죽음과 모든 이런 유형의 결함의 원인이다. 그러므로 앞에서 언급했듯⁵ 이 본래의 의로움을 원조의 죄로 박탈당하자, 능력들이 무질서해짐으로써 인간 본성이 영혼에 이르기까지 훼손되었던 것처럼, 육체의 능력들이 무질서해짐으로써 인간 본성도 타락 가능한 것이 되었다.

그런데 본래의 의로움의 박탈은 은총의 박탈처럼 형벌의 근거를 갖고 있다. 따라서 그에 따른 죽음과 모든 육체적 결함은 원죄에 대한 어떤 형벌들이다. 그래서 이런 유형의 결함이 죄를 지은 이가 의

---

3. Aristoteles, *Physica*, VIII, 4, 255b25.
4. I, q.97, a.1.
5. a.3; q.82, a3.

q.85, a.5

intenti a peccante, sunt tamen ordinati secundum iustitiam Dei punientis.⁶

AD PRIMUM ergo dicendum quod aequalitas causae per se, causat aequalem effectum, augmentata enim vel diminuta causa per se, augetur vel diminuitur effectus.⁷ Sed aequalitas causae removentis prohibens, non ostendit aequalitatem effectuum. Si quis enim aequali impulsu divellat duas columnas, non sequitur quod lapides superpositi aequaliter moveantur, sed ille velocius movebitur qui gravior erit secundum proprietatem suae naturae, cui relinquitur remoto prohibente. Sic igitur, remota originali iustitia, natura corporis humani relicta est sibi, et secundum hoc, secundum diversitatem naturalis complexionis, quorundam corpora pluribus defectibus subiacent, quorundam vero paucioribus, quamvis existente originali peccato aequali.

AD SECUNDUM dicendum quod culpa originalis et actualis removetur ab eodem a quo etiam removentur et huiusmodi defectus, secundum illud Apostoli, *Rom. 8,* [11]: *Vivificabit mortalia corpora vestra per inhabitantem spiritum eius in vobis,*⁸

---

6. 인간으로서 판관은 뒤따르는 사태를 미리 볼 수 없다. 그래서 그는 죄악에 대한 벌을 내릴 때 이를 고려할 수 없다. 이런 까닭에 이런 유형의 불편함에 따른 불평등은 그의 정의를 이치에 부합하는 방식으로 손상시키지 않는다. 그러나 하느님은 미래의 모든 사태를 미리 아시며, 따라서 그래서 만약 동등하게 죄악에 던져진 자들에게 불평등하게 이런 불리함이 닥친다면 그의 정의에는 부합하는 것처럼 보인다. 그러므로 이와 같은 문제를 해결하기 위해 오리게네스는 제안했는데… 그러나 이는 사도들의 가르침과 상충한다. … 그래서 인류에게 도래한 이런

도한 것이 아니라 할지라도, 벌을 내리는 하느님의 정의에 따라 규정된 것이다.[6]

[해답] 1. 그 자체 원인의 동일성은 동일한 결과를 산출한다. 왜냐하면 그 자체 원인이 늘거나 줄면 그 결과도 늘거나 줄기 때문이다. 그런데 장애를 제거하는 원인의 동일성은 결과의 동일성을 보여 주지 않는다. 왜냐하면 동일한 힘으로 두 개의 기둥을 밀어도 그 위에 놓여 있던 돌이 동일하게 움직여지는 결과가 따르는 것은 아니기 때문이다. 오히려 더 무거운 것이 장애의 제거를 통해 남겨진 그것의 본성적 속성에 따라 더 빨리 움직여질 것이다.[7] 이런 식으로 본래의 의로움을 박탈당한 뒤 그대로 남겨진 인간 육체는, 원죄가 모든 사람에게 동일함에도, 본성적 기질(complexio)의 다양성에 따라 어떤 이들의 경우에는 여러 결함을 얻는 반면, 어떤 이들의 경우에는 더 적은 결함을 얻는다.

2. 로마서 8장 [11절]의 "성령이 당신들 안에 자리 잡음으로써 당신들의 죽을 몸을 살릴 것입니다."[8]라는 사도의 말에 따르자면, 원죄

약점들과 관련하여 이런 유형의 차이는 하느님께서 미리 보시고 정하신 바로, 물론 때로는 조상의 어떤 죄 때문이기도 하지만 [이 생이 아닌] 다른 생에서 있었던 공덕 때문은 아니다. … 종종 이런 유형의 결함은 어떤 죄에 대한 벌로서가 아니라, 실로 앞으로의 죄에 대한 치유책 혹은 이를 겪는 이들 혹은 다른 이들의 덕을 완성시키기 위한 것으로서 정해지기도 한다.(De malo, q.5, a.4)

7. 기둥을 밀어 쓰러뜨리면 두 기둥 위에 있던 두 돌 중 더 무거운 돌이 더 빨리 떨어질 것이라는 뜻. 이는 무거운 것이 가벼운 것보다 더 빨리 떨어질 것이라는 고대 이래 중세까지 이어졌던 물체의 운동에 대한 생각을 반영한다. 갈릴레오는 피사의 사탑에서 다른 무게를 가졌음에도 두 개의 금속구가 동시에 떨어짐을 실험을 통해 입증함으로써 자연과학이 사변적 피상성에서 벗어나는 계기를 만들었다.

8. [성경]: "그리스도를 죽은 이들 가운데에서 일으키신 분께서 여러분 안에 사시는 당신의 영을 통하여 여러분의 죽을 몸도 다시 살리실 것입니다."

sed utrumque fit secundum ordinem divinae sapientiae, congruo tempore. Oportet enim quod ad immortalitatem et impassibilitatem gloriae, quae in Christo inchoata est, et per Christum nobis acquisita, perveniamus conformati prius passionibus eius.[9] Unde oportet quod ad tempus passibilitas in nostris corporibus remaneat, ad impassibilitatem gloriae promerendam conformiter Christo.[10]

AD TERTIUM dicendum quod in peccato actuali duo possumus considerare, scilicet ipsam substantiam actus, et rationem culpae. Ex parte quidem substantiae actus, potest peccatum actuale aliquem defectum corporalem causare, sicut ex superfluo cibo aliqui infirmantur et moriuntur. Sed ex parte culpae, privat gratiam quae datur homini ad rectificandum animae actus, non autem ad cohibendum defectus corporales, sicut originalis iustitia cohibebat. Et ideo peccatum actuale non causat huiusmodi defectus, sicut originale.

Articulus 6
Utrum mors et alii defectus sint naturales homini

Ad sextum sic proceditur. Videtur quod mors et huiusmodi defectus sint homini naturales.

---

9. Cf. q.81, a.3, ad3.
10. Cf. q.87, a.7, ad1; II-II, q.104, a.6, ad1; III, q.69, a.3.

와 본죄(culpa originalis et actualis)는 이런 결함들을 제거하는 것과 동일한 것에 의해 제거된다. 그런데 이들 각각은 하느님 지혜의 질서에 따라 정해진 때에 일어난다. 왜냐하면 우리는 무엇보다도 먼저 그리스도가 겪은 수난에 일치함으로써, 그리스도 안에서 시작하여 그리스도를 통해 우리가 얻는 불사성과 훼손될 수 없는 영광(impassibilitas gloriae)에 이르기 때문이다.[9] 그렇기에 그리스도처럼 훼손될 수 없는 영광을 얻기까지 고통은 한동안 우리의 육체 안에 남아 있게 된다.[10]

3. 본죄와 관련하여 두 가지, 즉 행위의 실체와 죄과의 근거를 고려할 수 있다. 행위의 실체라는 면에서 과식이 누군가를 병약하게 하여 죽이는 것처럼, 본죄는 모종의 육체적 결함을 야기한다. 그런데 죄과라는 면에서 본죄는 은총을 앗아 가는데, 은총은 영혼의 행위를 올바르게 해 주지만 본래의 의로움이 육체적 결함을 막아 주듯 육체적 결함까지 막아 주지는 않는다. 그렇기 때문에 이런 유형의 결함은 본죄에서 기인하는 것이 아니다.

제6절 죽음과 그 밖의 결함은 인간에게 본성적인 것인가?

Parall.: II-II, q.164, a.1, ad1; *In Sent.*, II , d.30, q.1, a.1; III, d.16, q.1, a.1; IV, d.36, a.1, ad2; *ScG*, 52; *De malo*, q.5, a.5; *In Ep. ad Rom.*, c.5, lec.3; *In Ep. ad Heb.*, c.9, lec.5.
Doctr. Eccl.: 제5절에 수록한 내용들과, 그 밖에 DS 102[=DH 223], 그리고 DS 410-464[=DH 780-854], DS 693[=DH 1304], DS 1526[=DH 2626].

[반론] 죽음과 이런 유형의 결함은 인간에게 본성적인 것처럼 보인다.

1. *Corruptibile enim et incorruptibile differunt genere*, ut dicitur in X *Metaphys.*[1] Sed homo est eiusdem generis cum aliis animalibus, quae sunt naturaliter corruptibilia. Ergo homo est naturaliter corruptibilis.

2. Praeterea, omne quod est compositum ex contrariis, est naturaliter corruptibile, quasi habens in se causam corruptionis suae. Sed corpus humanum est huiusmodi. Ergo est naturaliter corruptibile.

3. Praeterea, calidum naturaliter consumit humidum. Vita autem hominis conservatur per calidum et humidum. Cum igitur operationes vitae expleantur per actum caloris naturalis, ut dicitur in II *de Anima*,[2] videtur quod mors et huiusmodi defectus sint homini naturales.

SED CONTRA, quidquid est homini naturale, Deus in homine fecit. Sed *Deus mortem non fecit*, ut dicitur *Sap.* 1, [13].[3] Ergo mors non est homini naturalis.

2. Praeterea, id quod est secundum naturam, non potest dici poena nec malum, quia unicuique rei est conveniens id quod est ei naturale. Sed mors et huiusmodi defectus sunt poena peccati originalis, ut supra[4] dictum est. Ergo non sunt homini naturales.

---

1. Aristoteles, *Metaphys.*, X, 10, 1058b28-29; S. Thomas, lect.12, nn.2136-2137.
2. Aristoteles, *De anima*, II, 4, 416b29-31; S. Thomas, lect.9, nn.348-349.

1. 『형이상학』 10권에서 논하듯,¹ 부패 가능한 것과 부패될 수 없는 것은 유(類, genus)적으로 다르다. 그런데 인간은 본성적으로 부패 가능한 다른 동물들과 유적으로 동일하다. 따라서 인간은 본성적으로 부패될 수 있다.

2. 대립하는 것들이 결합한 것들은 그 자체에 자신의 소멸의 원인을 가지고 있어서 본성적으로 부패될 수 있다. 그런데 인간의 육체가 이런 유형의 것이다. 따라서 인간의 몸은 본성적으로 부패될 수 있다.

3. 열기는 본성적으로 습기를 사라지게 한다. 그런데 인간 생명은 열기와 습기로 유지된다. 그러므로 『영혼에 관하여』에서 논한 것처럼² 생명 활동은 본성적 열기의 작용을 통해 설명하는 이상, 죽음과 이런 유형의 결함은 인간에게 본성적인 것처럼 보인다.

[재반론] 1. 인간에게 본성적인 모든 것은 하느님이 인간 안에 만든 것이다. 그런데 지혜서 1장 [13절]이 논하듯 "하느님께서는 죽음을 만들지 않았다."³ 따라서 죽음은 인간에게 본성적인 것이 아니다.

2. 본성에 의한 것은 죄나 악이라고 말할 수 없다. 왜냐하면 각 사물은 그들에게 본성적인 것에 부합하기 때문이다. 그런데 죽음과 이런 유형의 결함들은 앞서⁴ 말했듯 원죄의 형벌이다. 따라서 이들은 인간에게 본성적인 것이 아니다.

---

3. [성경]: "하느님께서는 죽음을 만들지 않으셨고 산 이들의 멸망을 기뻐하지 않으신다."
4. a.5.

q.85, a.6

3. Praeterea, materia proportionatur formae, et quaelibet res suo fini. Finis autem hominis est beatitudo perpetua, ut supra[5] dictum est. Forma etiam humani corporis est anima rationalis, quae est incorruptibilis, ut in Primo[6] habitum est. Ergo corpus humanum est naturaliter incorruptibile.

RESPONDEO dicendum quod de unaquaque re corruptibili dupliciter loqui possumus, uno modo, secundum naturam universalem; alio modo, secundum naturam particularem. Natura quidem particularis est propria virtus activa et conservativa uniuscuiusque rei. Et secundum hanc, omnis corruptio et defectus est contra naturam, ut dicitur in II *de Caelo*:[7] quia huiusmodi virtus intendit esse et conservationem eius cuius est.

Natura vero universalis est virtus activa in aliquo universali principio naturae, puta in aliquo caelestium corporum; vel alicuius superioris substantiae, secundum quod etiam Deus a quibusdam dicitur *natura naturans*.[8] Quae quidem virtus

---

5. q.2, a.7; q.5, aa.3-4.
6. I, q.75, a.6.
7. Aristoteles, *De Caelo*, II, c.6, 288b14; S. Thomas, lect.9, n.2.
8. "natura naturans"라는 표현은 성 토마스 아퀴나스의 시대에 드물지 않게 사용되었다. 이는 "naturare"라는 표현을 하느님의 역사(役事) 및 본성과 관련하여 "창조하다, 자연 사물을 짓다, 본성을 부여하다"라는 뜻으로 사용했던 당시 중세인들의 용례를 반영한다.(*Glossarium adscriptores mediae et infimae latinitatis, v. naturare*, ed. Niort. 1885, t. v, pp. 575-576 참조) 이에 따라 이 표현은 하느님을 다른 것에 의해 지어지거나 관리되는 생산된 본성[혹은 자연]이 아니라 생산

3. 질료는 형상과 꼭 들어맞으며 모든 사물은 그것의 목적에 꼭 들어맞는다. 그런데 인간의 목적은 앞에서[5] 언급했듯이 항구적인 참행복(beatitudo perpetua)이다. 그런데 인간 육체의 형상은 제1부[6]에서 다루었듯 불멸하는 이성혼이다. 따라서 인간의 영혼은 본성적으로 부패될 수 없다.

[답변] 부패 가능한 사물 각각에 대해서는 두 가지 방식으로, 즉 한 가지 방식은 보편적 본성에 따라, 그리고 다른 방식은 개별적 본성에 따라 논할 수 있다. 개별적 본성이란 물론 각 사물의 작용과 자기 보존에 적합한 힘(virtus)이다. 그래서 이런 본성[의 의미]에 따르면, 『천체론』[7]에서 언급했듯, "모든 소멸과 결함은 본성에 어긋난다." 왜냐하면 이런 유형의 능력은 그것이 속한 것의 존재와 보존을 지향하기 때문이다.

한편 보편적 본성은 천체나 나아가 더 탁월한 실체들에서 확인할 수 있듯 실로 본성의 보편적 원리 안에 있는 능동적 힘으로, 이런 의미에서 어떤 이들은 하느님을 [본성을] 생산하는 본성(natura naturans)[8]이라고 일컫는다. 이런 힘은 우주(universus)의 선과 보존을

하는 본성[혹은 자연], 즉 본성[혹은 자연]의 혹은 항구적인 사물의 본성 안에 있는 모든 것을 지은 자라고 논하는 맥락에서 등장한다. 이는 토마스 성인과 동시대인이었던 보나벤투라 성인이 영원한 혹은 창조되지 않은 본성(natura aeterna seu increata)이 신의 본성이며, 산출하는 본성인 반면, 창조된 본성(natura creata)은 "관례적으로 "natura naturata"라 일컫는다"(*In Sent.*, III, dist. 8, dub. 2 circa Litteram Magistri, edit. Quaracchi, Opera t. III, p.197a)고 논하는 것에서도 확인할 수 있다. 한편 이 표현은 그 이후의 중세 사상가들, 예컨대 라이문두스 룰리우스(Raimundus Lluius), 마이스터 에크하르트(Meister Eckhard)의 사상에서도 확인가능하며(H. A. Lucks, "Natura naturans - natura naturata", *The New Scholasticism*, t.IX, 1935, pp.1-24 참조), 하지만 토마스 아퀴나스와 그의 동시대

q.85, a.6

intendit bonum et conservationem universi, ad quod exigitur alternatio generationis et corruptionis in rebus. Et secundum hoc, corruptiones et defectus rerum sunt naturales, non quidem secundum inclinationem formae, quae est principium essendi et perfectionis; sed secundum inclinationem materiae, quae proportionaliter attribuitur tali formae secundum distributionem[9] universalis agentis. Et quamvis omnis forma intendat perpetuum esse quantum potest, nulla tamen forma rei corruptibilis potest assequi perpetuitatem sui, praeter animam rationalem, eo quod ipsa non est subiecta omnino materiae corporali, sicut aliae formae; quinimmo habet propriam operationem immaterialem, ut in Primo[10] habitum est. Unde ex parte suae formae, naturalior est homini incorruptio quam aliis rebus corruptibilibus. Sed quia et ipsa habet materiam ex contrariis compositam, ex inclinatione materiae sequitur corruptibilitas in toto.[11] Et secundum hoc, homo est naturaliter corruptibilis secundum naturam materiae sibi relictae, sed non secundum naturam formae.

인들, 그리고 중세 및 르네상스 시대의 토마스 아퀴나스 주석가들에게 이 표현이 엄밀한 학술적 용어로 활용된 것으로 보이지는 않는다. 예컨대 토마스 아퀴나스의 주석가였던 요한네스 아 산토 토마(Ioannes a S. Thoma)나 마티아스 아쿠아리우스(Matthias Aquarius)도 이 표현으로 인해 자칫 하느님을 피조물로서 자연(natura)와 동일시할 가능성(범신론)을 염두에 두고 이 표현을 신중하게 접근하며 그 의미를 정확히 전달하기 위해 노력하고 있기 때문이다.(이에 대해서는 마티아스의 *Formalitales, iuxta doctrinam Angelici Doctoris D. Thomae Aq., tract. II, De significationibus terminorum, ex doctrina S. Th.*, litt. N. Neapoli, 1605, p.165 참조) 이에 따라 표현상의 유사성이 분명히 있을지라도 후대에 이 표현을 하느님 지향하는데, 이를 위해서는 사물에 생성과 소멸이라는 변이(變移, alteratio)가 필수적이다. 이에 따라 소멸과 결함은 존재와 완성의 원리인 형상의 이끌림의 견지에서가 아니라, 보편적 행위자(agens)의 배치(配置, distributio)[9]에 따라 각 형상에 부합하도록 고르게 할당되는 질료의 이끌림이라는 견지에서 사물에 자연적이다. 그리고 모든 형상이, 가능한 한, 항구적 존재를 지향할지라도 어떤 부패 가능한 존재의 형상도 이성혼을 제외하고서는 고유한 영속성에 이를 수는 없다. 이성혼은 다른 형상들처럼 철저히 육체의 질료에 철저히 귀속하지는 않으며, 또한 앞서 제1부[10]에서 다루었듯, [이성혼은] 고유한 비물질적 작용을 갖고 있기 때문이다. 그러므로 고유한 형상이라는 면에서 불멸성은 다른 부패 가능한 존재자들보다 인간에게 더 본성적인 것이다. 그러나 [이성혼은] 대립하는 것들로 이루어진 질료와 결합하기 때문에, 질료의 경향으로 인해 전체[11]에 부패 가능성이 초래된다. 이와 같은 견지에서 인간은 본성적으로 그에게 남겨진 질료의 본성으로 인해 부패 가능한 것이지 형상의 본성으로 인해 그런 것은 아니다.

 을 설명하는 중심 개념 중 하나로 활용하는 스피노자의 "natura naturans" 혹은 "naturanaturata"의 근간을 서유럽 중세 스콜라철학자들의 논의에 두는 것은 다소 성급해 보인다. 오히려 그 내용을 보자면 12세기 이래로 적어도 15세기 후반까지 번역된 중세 아랍 사상과 유대 사상의 작품들의 영향, 특히 아랍 사상가인 알가잘리(al-Gazhali)와 아베로에스(Averroes) 및 유다 사상가 모세스 마이모니데스(Moses Maimonides) 등이 자연세계의 "원인(Causa)"으로서 거론하는 다양한 입장들을 근대인 스피노자가 어떻게 창조적으로 소화하여 발전시켰는지를 중심으로 접근하는 것이 정황상 더 적절할 것으로 보인다.

9. 기준이나 실정에 부합하게, 혹은 각자에게 부합하는 질서에 따라 나누어 정돈한다는 의미에서.
10. I, q.75, a.2.
11. 이성혼과 육체 혹은 이성혼과 질료가 결합 혹은 합일하여 이룬 인간.

Primae autem tres rationes procedunt ex parte materiae, aliae vero tres procedunt ex parte formae. Unde ad earum solutionem, considerandum est quod forma hominis, quae est anima rationalis, secundum suam incorruptibilitatem proportionata est suo fini, qui est beatitudo perpetua. Sed corpus humanum, quod est corruptibile secundum suam naturam consideratum, quodammodo proportionatum est suae formae, et quodammodo non. Duplex enim conditio potest attendi in aliqua materia, una scilicet quam agens eligit; alia quae non est ab agente electa, sed est secundum conditionem naturalem materiae. Sicut faber ad faciendum cultellum eligit materiam duram et ductilem, quae subtiliari possit ut sit apta incisioni, et secundum hanc conditionem ferrum est materia proportionata cultello, sed hoc quod ferrum sit frangibile et rubiginem contrahens, consequitur ex naturali dispositione ferri, nec hoc eligit artifex in ferro, sed magis repudiaret si posset. Unde haec dispositio materiae non est proportionata intentioni artificis, nec intentioni artis. Similiter corpus humanum est materia electa a natura quantum ad hoc, quod est temperatae complexionis, ut possit esse convenientissimum organum tactus et aliarum virtutum sensitivarum et motivarum. Sed quod sit corruptibile, hoc est ex conditione materiae, nec est electum a natura, quin potius natura eligeret materiam incorruptibilem, si posset. Sed Deus, cui subiacet omnis natura, in ipsa institutione hominis supplevit

그런데 [여섯 가지 반론 중] 세 가지는 질료라는 면에서, 그리고 다른 셋은 형상이라는 면에서 나온 것이다. 따라서 저런 [반론]에 대해 답하기 위해서는 이성혼으로서 인간의 형상을 고찰해야 하는데, 그것은 그 고유한 불멸성에 따라 목적인 영속적 참행복에 부합하도록 비례화되어 있다(proportionata). 그러나 인간의 육체는 그것의 본성에 따라 고려할 경우 소멸하는데, 이는 어떤 면에서는 그것의 형상에 부합하지만, 어떤 면에서는 그렇지 않다. 왜냐하면 어떤 질료에는 두 가지 조건이 있는데, 한 가지 조건은 행위자로부터 선택되며, 다른 조건은 행위자에 의하여 선택되는 것이 아니라 질료의 본성적 조건에 따르기 때문이다. 그래서 대장장이가 칼을 만들기 위해 강성과 연성이 다 있어서 벼려서 자르는 데 알맞은 재료를 선택하는데, 이런 조건에 따르면 철은 칼에 꼭 맞는 재료다. 그런데 이 철은 철의 본성적 성향(dispositio)에 따라 망가질 수 있고 녹슬기도 하는데, 이는 장인이 철과 관련하여 선택하는 것이 아니며 가능하다면 차라리 없애려 한다. 따라서 질료의 태세는 장인이나 기예가 지향하는 바(intentio)에 맞춰져 있지 않다. 마찬가지로 인간의 육체는 체질에 부합하여 촉각과 여타 감각 능력, 그리고 운동 능력에 가장 잘 조화를 이룰 수 있도록 본성이 선택한 것이다. 그렇지만 그것이 부패 가능하다는 것은 질료적 조건에 의한 것이지 본성에 의해 선택된 것이 아니며, 가능하기만 하다면, 본성은 더욱더 불멸하는 질료를 선택하려 할 것이다. 그런데 모든 자연이 복속하는 하느님은 인간의 구성에서 본성의 결함을 보완하여, 제1부[12]에서 언급했듯이, 본래의 의로움

---

12. I, q.97, a.1.

q.85, a.6

defectum naturae, et dono iustitiae originalis dedit corpori incorruptibilitatem quandam, ut in Primo[12] dictum est. Et secundum hoc dicitur quod *Deus mortem non fecit*, et quod mors est poena peccati.[13]

Unde patet responsio ad obiecta.

---

13. 죄의 결과로서 죽음에 대한 중세 신학자들의 이해 방식에 대한 고전적 연구로 Ignatius Brady, "The Relation of Sin and Death according to Medieval Theologians", *Studia Mariana* 7(1950), 50-80을 꼽을 수 있다. 최근의 연구로는 다음 연구를 참조하라: 제이슨 이벌, 『토미즘의 원리와 생명윤리학』, 김수정 옮김, 가톨릭대학교출판부, 2011(제3장: "인간 인격체의 생명의 끝", 100-137쪽). Cf. P. Smith, "Brain Death: A Thomistic Appraisal", *Angelicum* 67(1990), 3-35; Jason T. Eberl, "A Thomistic Understanding of Human Death", in *Bioethics* 19(2005), pp.29-48.

이라는 선물을 통해 육체에 불멸성을 주었다. 그리고 이런 의미에서 "하느님께서는 죽음을 만들지 않았다."고 말한 것이고, 죽음이 죄의 형벌이라고 말한 것이다.[13]

[해답] 이로써 반론들에 대한 해답은 명백해진다.

《주제 색인》

가멸적(corruptibile) 101, 168, 170, 174
갈망(desiderium) 103, 111
개별 선(bonum particulare) 103
결과(effectum, consequentia) 46, 47, 48, 49, 54, 55, 60, 64, 65, 66, 112, 113, 116, 117, 118, 130, 131, 154, 155, 157, 158, 159
결핍(privatio) 47, 49, 55, 65, 66, 113, 118, 131, 155, 157, 159
결함(defectus) 11, 13, 23, 43, 51, 61, 63, 65, 131, 135, 161, 163, 165, 167, 169, 171, 173, 175
경향(inclinatio) 51, 67, 89, 101, 107, 135, 137, 143, 145, 147, 152, 169, 173
고통을 겪을 수 있음(겪음) 39, 43
공덕(meritum) 165
과오(culpa) 6, 7, 8, 10, 12, 16, 18, 20, 24, 28, 32, 36, 42, 46, 76, 164, 167
관대(liberalitas) 98
교사(敎唆, inclinatio) 3, 9
교만(superbia) xxxvi, xliv, 54, 97, 105, 106, 107, 109, 111, 113, 117, 121, 123, 127, 153, 178
기관(membrum) 32, 77, 87, 93, 103, 147
기능(facultas) 61, 117
기원(origo, principium) 2, 7, 15, 35, 83, 95, 103, 105, 121, 125
기질(complexio) 67, 147, 165, 178
나약함(infirmitas) 65, 67, 149, 151, 152, 155, 157, 178
나태(acedia) 119, 125, 127
능동인(causa efficiens) 117, 139, 178
능력(potentia, virtus) 30, 34, 47, 57, 61, 67, 71, 77, 79, 81, 83, 84, 85, 87, 89, 91, 93, 94, 95, 135, 137, 139, 149, 151, 155, 163, 171, 175, 189, 191
단초(initium) 109, 111, 117, 121, 127, 178
덕(virtus) 47, 75, 81, 99, 103, 119, 125, 135, 137, 141, 143, 145, 146, 147, 151, 153, 159, 165
도구적 원인(causa instrumentalis) 75, 77
등돌림(aversio, conversio) 60
마귀(daemon) 133

목적(finis) 61, 99, 103, 109, 111, 115, 117, 118, 121, 123, 127, 145, 146, 147, 171, 175, 178, 179

목적인(causa finalis) 115, 117, 121, 175

무지(ignorantia) 59, 63, 121, 127, 129, 149, 151, 152

무질서, 무질서함(inordinatio) 15, 31, 33, 49, 51, 52, 61, 63, 65, 67, 69, 101, 107, 109, 111, 118, 123, 133, 139, 163

무질서한 성향(dispositio inordinata) 49

번식(generatio) 5, 15, 29, 34

보편 선(bonum universale) 103

본래의 의로움(iustitia originaria) xl-xlviii, 51, 163, 165, 167, 175

본성(natura) xlvi, 7, 9, 13, 15, 17, 19, 21, 23, 25, 26, 37, 43, 49, 53, 57, 59, 61, 65, 67, 75, 81, 83, 84, 85, 93, 101, 105, 107, 117, 121, 123, 131, 133, 135, 137, 139, 141, 143, 145, 147, 149, 150, 151, 153, 155, 157, 159, 161, 163

본성의 선함(bonum naturae) 131, 133, 135, 139, 141, 143, 145, 147

본성적(naturale, naturalis) 26, 43, 57, 61, 67, 83, 93, 117, 121, 123, 131, 137, 143, 147, 151, 159, 165, 167, 169, 171, 175

본죄(pecctum actuale) 7, 15, 17, 24, 25, 29, 31, 33, 47, 49, 55, 79, 85, 95, 153, 159, 161, 167

본질(essentia) 3, 7, 45, 53, 71, 79, 81, 83, 84, 85, 89, 159

부(divitiae) 98, 102, 110, 122

분노(ira) xliv, 63, 67, 119, 125, 127, 151, 155

분노적 욕구(appetitus irascibilis) 151

분노적 정념(passio irascibilis) 63, 127

분노적 힘(vis irascibile, virtus irascibile) 151, 155

불가멸적(不可滅的, incorruptibile) 168, 170, 174

불변하는 선(bonum immutabile) 60, 103

불사성(immortalitas) 43, 167

뿌리(radix) 73, 97, 99, 100, 101, 103, 105, 109, 111, 112, 113, 117, 121, 127, 145, 147

사라질 선(bonum commutabile) 100

사라질 수 없는 선(bonum incommutabile) 111

살(caro) 2, 15, 16, 33, 35, 37, 41, 71, 73, 75, 77, 79, 81, 87, 89

상(specie) 14, 22, 54, 58, 66, 94, 95, 111, 112, 113, 117, 118, 122, 130, 154, 156, 157, 158

상처(vulnera)　131, 149, 150, 151, 153
색욕(luxuria)　xliv, 119, 123, 125
생식기관(organum generativum, membrum generativum)　32, 93
세례(baptismus)　7, 11, 27, 29, 31, 33, 67, 161
선, 선함(bonum)　xlvi, xlviii, 131, 133, 135, 139, 141, 143, 145, 147
성욕(libido)　32, 65, 69
습성(habitus)　45, 47, 49, 51, 53, 57, 67, 69, 115, 117, 137, 146
실체적 형상(forma substantialis)　157
아름다움(species)　116, 118
악, 악한 것(malum)　xli, xliv, xlix, 21, 47, 63, 97, 99, 101, 105, 107, 109, 111, 113, 117, 119, 123, 125, 127, 129, 141, 146, 147, 153, 169
악마(diabolus)　3, 5, 9, 10, 101, 140
악의(malitia)　149, 151, 152, 153
양태(modus)　3, 49, 107, 117, 118, 131, 155, 157, 159
영혼(anima)　3, 5, 7, 8, 9, 11, 12, 13, 15, 17, 19, 24, 25, 29, 30, 31, 32, 35, 43, 49, 53, 55, 57, 59, 61, 63, 65, 66, 67, 71, 73, 75, 77, 79, 81, 83, 84, 85, 87, 89, 91, 112, 113, 119, 123, 131, 135, 139, 151, 153, 155, 157, 163, 167, 171
오염(infectio)　9, 11, 13, 17, 19, 35, 37, 41, 67, 73, 79, 87, 89, 91, 93, 94, 95
욕구(appetitus)　69, 94, 98, 99, 100, 101, 103, 107, 109, 111, 123, 125, 127, 139, 151, 155
욕구적 능력(potentia appetitiva, virtus appetitiva)　155
욕망(concupiscentia)　5, 31, 45, 47, 57, 59, 61, 63, 65, 67, 77, 83, 85, 93, 94, 101, 149, 152, 153, 155
욕정적 능력(potentia concupiscibilis, virtus concupiscibilis)　61, 71, 77, 149, 151
욕정적 정념(passio concupiscibils)　63, 127
욕정적 힘(vis concupiscibile, virtus concupiscibile)　83, 93, 151
용기(fortitudo)　119, 151, 155
우유(accidens)　7, 23, 85, 89, 133, 135, 139, 163
우유적 형상(forma accidentalis)　157
육신(caro)　32, 71, 73, 75
육신의 저항(repugnantia carnis)　73
육체(corpus)　3, 5, 8, 11, 12, 13, 15, 17, 23, 24, 29, 31, 32, 43, 49, 57, 61, 65, 67, 73, 79, 81, 83, 85, 93, 123, 125, 157, 161, 163, 165, 167, 169, 171, 173, 175, 177

원리(principium, ratio) 19, 21, 23, 34, 41, 43, 55, 85, 105, 109, 114, 115, 135, 147, 153, 171, 173

원인(causa, ratio) 3, 7, 17, 23, 30, 35, 53, 55, 59, 67, 73, 75, 77, 79, 83, 94, 97, 119, 125, 127, 129, 135, 147, 149, 153, 157, 161, 163, 165, 169, 173

원조(元祖, primus parens) 3, 5, 7, 9, 11, 13, 15, 17, 19, 21, 23, 24, 25, 27, 29, 31, 33, 35, 41, 43, 49, 51, 53, 55, 60, 61, 65, 73, 75, 79, 85, 137, 153

원죄(peccatum originale; culpa originialis) 3, 5, 7, 9, 10, 11, 15, 17, 24, 27, 28, 29, 31, 33, 35, 37, 39, 41, 43, 45, 47, 49, 51, 53, 55, 57, 59, 61, 63, 65, 67, 69, 71, 73, 75, 77, 79, 81, 83, 85, 87, 89, 91, 93, 95, 161, 163, 165, 169

원천(origo, principium) 2, 35, 103

원초적 정의(iustitia originalis) 23, 25, 61, 81

원초적 타락(corruptio orginalis) 65

은총(gratia) ix, xii, xv, xxxix, xl, xli, xlii, xlvi, xlvii, xlviii, xlix, 24, 28, 31, 33, 67, 81, 139, 141, 147, 153, 163, 167

의도적(voluntarius) 137

의지(voluntas) 7, 13, 15, 29, 30, 37, 47, 61, 71, 75, 77, 81, 85, 87, 89, 91, 93, 95, 105, 117, 133, 139, 146, 147, 151, 153

이성(ratio) 10, 61, 63, 69, 91, 93, 125, 139, 143, 151, 153, 155, 163

이성적(rationale, rationalis) 7, 12, 24, 91, 143, 145

이성혼(anima rationalis) 7, 11, 13, 17, 73, 79, 171, 173, 175

인간(homo) 2, 3, 5, 7, 9, 11, 13, 14, 15, 17, 19, 21, 23, 25, 26, 27, 29, 30, 31, 33, 35, 37, 39, 45, 47, 51, 53, 55, 57, 61, 65, 75, 77, 79, 85, 89, 93, 103, 107, 109, 111, 121, 131, 133, 135, 137, 139, 141, 143, 163, 165, 167, 169, 171, 173, 175

인격(persona) 14, 17, 23, 24, 25, 27, 67, 84, 85, 153

인격적(personale, personalis) 23, 25, 26, 85

인격적 죄(peccatum personale) 5, 85

인색(avaritia) xliv, 96, 97, 99, 105, 111, 113, 117, 119, 121, 123, 125, 127

적성(aptitudo) 47

적성(ars, habilitas) 141, 147

절제(temperantia) 119, 151

정념(passio) 59, 63, 119, 127, 149, 155

정액(semen) 5, 13, 17, 19, 27, 30, 31, 72, 73, 75, 77, 79, 87
정의(difinitio) 5, 7, 133, 139, 159
정의(iustitia) 7, 119, 127, 147, 151, 164
제1원리(primum principium) 53, 65
종자적 원리(ratio seminalis) 34, 35, 37, 73, 79
종적(種的) 죄(peccatum speciale) 113
죄(peccatum) 2, 3, 5, 7, 8, 9, 10, 11, 13, 15, 17, 19, 21, 23, 24, 25, 26, 27, 29, 31, 33, 35, 37, 39, 41, 43, 51, 53, 55, 57, 59, 65, 73, 75, 77, 79, 81, 83, 85, 87, 91, 97, 99, 101, 103, 105, 107, 109, 111, 113, 115, 117, 119, 121, 127, 129, 131, 133, 135, 137, 139, 141, 143, 145, 149, 151, 153, 155, 157, 159, 161, 163, 165, 169, 176, 177
죄과(culpa) 7, 11, 13, 17, 19, 21, 25, 47, 49, 65, 73, 77, 91, 93, 141, 161, 167
죄종(칠죄종, peccata capitalia; crimina capitalia; vitia capitalia) xxxvii, xliii, xliv, xlv, 96, 97, 99, 102, 113, 115, 117, 119, 120, 121, 123, 125, 127
죄책(罪責, reus) 5, 31, 59, 117, 131
죗값(iniquitas) 7, 17
주체(subjectum) 3, 7, 11, 13, 53, 55, 71, 75, 77, 81, 83, 85, 89, 91, 94, 135, 138, 139, 151
질료(materia) xli, 12, 39, 41, 43, 79, 85, 171, 173, 175
질료적(materiale, materialis) xl, 41, 43, 60, 61, 63, 175
질료형상설(hylemorphism) xlii
질서(ordo) 61, 67, 81, 85, 89, 91, 93, 109, 111, 113, 117, 125, 131, 137, 139, 151, 152, 153, 155, 157, 159, 167, 173
질투(invidia) xliv, 21, 119, 125
참사랑(caritas) 23, 103, 141
최고선(summum bonum) 117, 118
추요덕(사추덕, virtutes cardinales) 119, 125
출산(generatio) 5, 15, 19, 31, 35, 37, 39, 41, 69, 75, 79, 93, 94, 95
출생(origo) xxxvii, 2, 3, 5, 7, 9, 11, 13, 15, 17, 19, 21, 23, 24, 25, 27, 29, 31, 51, 65, 83
타락(corruptio) 5, 21, 24, 25, 26, 33, 49, 55, 65, 67, 73, 77, 84, 93, 131, 139, 153, 163
탐식(gula) xliv, 55, 77, 96, 99, 119, 125
탐욕(cupiditas) 96, 97, 99, 100, 101, 102, 103, 105, 109, 113, 121
태세(dispositio) xlii, 13, 17, 23, 49, 51, 53, 65, 79, 95, 103, 121, 175

투명체(dyaphanum) 144, 145
하느님의 정의(iustitia Dei) 147, 165
항구적인 참행복(beatitudo perpetua) 171
행복(felicitas) 123, 124, 125
허영(inanis gloria) 119, 123, 125
현명(prudentia) 119
형상(forma) xli, 12, 30, 57, 59, 60, 83, 85, 116, 117, 157, 159, 163, 171, 173, 175
형상인(causa formalis) 115, 117
형상적(formale, formalis) xl, xlii, 59, 60, 61, 139
후손(proles, posterior) 2, 3, 5, 11, 13, 15, 19, 21, 23, 24, 25, 27, 29, 33, 35, 39, 41, 43, 53, 65, 69, 75, 95
힘(vis, virtus) 7, 24, 30, 37, 61, 66, 75, 83, 87, 91, 93, 151, 155, 163, 165, 171

《고전작품 색인》

『신경, 신앙과 도덕에 관한 규정·편람』
(DS[=*Denzinger-Schoenmetzer*]/[=*DH-Denzinger-Hunermann*]) 8

그레고리우스
『욥기의 도덕적 해설』(*Ecloga de Moralibus Iob*) 115, 121, 127

보나벤투라
『하느님께 이르는 영혼의 순례기』(*Itinerarium mentis ad Deum*) 118

아우구스티누스
『결혼과 욕망』(*De nuptiis et concupiscentia*) 65
『믿음과 희망, 그리고 참사랑에 대한 안내서』(*Enchiridion*) 23, 141
『본성과 은총』(*De natura et gratia*) 149
『선의 본성』(*De natura boni*) 117, 155, 157
『신국론』(*De civitate Dei*) 93, 107
『아비투스에게 보낸 서간』(*Epistola ad Auxilium*) 25
『유아세례』(*De baptismo puerorum*) 47
『재론고』(*Retractationes*) 59, 77
『창세기의 문자적 해설』(*De genesi ad litteram*) 117

안셀무스
『동정 잉태와 원죄에 관하여』(*De conceptu virginali et de originali peccato*) 47

알렉산더 할렌시스
『알렉산더 신학대전』(*Summa theologica Alexandri de Hales*) 117

알베르투스 마뉴스
『명제집 주해』(*Commentaria in Libors Sententiarum*) xxxvi
『신학대전』(*Summa Theologiae*) xxxvi, xliv, xlviii

위(僞)디오니시우스
　『신명론』(*De divinis nominibus*)　133

이시도루스
　『어원집』(*Etymologiae*)　116

히에로니무스
　『육신의 부활에 관한 서간』(*Epistola de resurrectione carnis*)　31

아리스토텔레스
　『니코마코스 윤리학』　91, 99, 125
　『동물발생론』　30, 39
　『영혼에 관하여』　112, 113, 144, 145, 169
　『자연학』　30, 143, 163
　『형이상학』　93, 159, 169

포르피리우스
　『이사고게』(*Isagoge*)　14

《성경 색인》

로마서 9, 39, 41, 59, 73, 75, 161, 165
루카복음서 135
마태오복음서 55
묵시록 21
시편 43, 51, 157
에제키엘서 7, 25
에페소서 17, 103
요한복음서 53
탈출기 21
지혜서 9, 169
집회서 107, 108
창세기 33, 153
코린토 1서 15
코헬렛 103
테살로니카 1서 27
티모테오 1서 99
히브리서 33

■ 지은이: 토마스 아퀴나스(S. Thomas Aquinas)

성 토마스 아퀴나스는 1224/5년 이탈리아 중남부의 귀족 가문에서 태어나 도미니코수도회에 입회하였고, 때 묻지 않은 '천사적' 순수함과 진리에 대한 지칠 줄 모르는 열정으로 13세기라는 역사상 드문 정치적·사상적 격변기를 헤쳐나갔다. 그는 아리스토텔레스의 대부분의 작품들과 복음서 및 바오로의 주요 서간들에 대해 주해서를 집필하였고, 『대이교도대전』과 『토론문제집』 등 중요한 저작들을 남겼다. 특히 그리스 철학의 제 학파와 아랍 세계의 선진 이슬람 문명 등 당대까지 유럽에 전해져 서로 충돌하던 다양한 사상들을 그리스도교 진리의 빛 속에서 웅장하게 체계적으로 종합한 『신학대전』(Summa Theologiae)은 인류 문화사적 걸작으로 꼽힌다. 그는 1274년 리옹공의회에 참석하러 가던 길에 중병을 얻어 포사노바에서 선종하였다.

1879년 교황 레오 13세는 회칙 『영원하신 아버지』를 통해 토마스의 사상을 가톨릭교회의 공식 학설로 공표하였다.

■ 옮긴이: 정현석

정현석은 2010년 파리4-소르본 대학교에서 13세기 서양 중세 형이상학적 인간학을 토마스 아퀴나스와 보나벤투라를 중심으로 연구하여 철학 박사 학위를 취득했다. 이후 연세대학교와 가톨릭대학교 성심교정과 성의교정 학부 및 대학원에서 연구원 및 연구교수로 일하며 중세철학사와 토마스 아퀴나스와 아우구스티누스의 철학사상, 그리고 형이상학적 인간학 등을 가르쳤다. 현재 가톨릭대학교 의과대학 인문사회의학과의 연구교수로 재직 중으로 학부와 대학원에서 지성사, 의학사, 형이상학적 인간학, 기초윤리학 등을 가르치고 있다.

주요 연구 성과로는 "Aristotle vs Galen: Medieval Reception of Ancient Embryology – Medieval Medicine and the 13th Century Controversy over Plurality/Unicity of Substantial Form"(2019)과 「중세 천사론의 탈플라톤주의적 성격-토마스 아퀴나스의 이존실체론과 중세인의 옷을 입은 아리스토텔레스」(2016) 등이 있다.

■ 진리의 협력자들

　가르멜수도회(윤주현 신부) 가톨릭교리신학원(최승정 신부) 가톨릭출판사(홍성학 신부) 강윤희신부 †곽성명마티아 교리48기(김순진 요안나) 구요비주교 기쁜소식(전갑수 사장) 김경애유스타 김두라소화데레사 김명순소피아 김미라크레센시아 김미리파비올라 김미숙도미나 김복원요안나 김수남글라라 김영남신부 김영희글라라 김운장(대화제약 회장) 김웅태신부 김월자안젤라 김은주율리아나 김장이베로니카 김정렬사도요한 김정이아네스 김정임세실리아 김종국신부 김철련스테파노 김청자아가다 김항희마르타 김해영아나다시아 김혜경세레나 김혜경아네스 김효숙노엘라 김훈겸신부 김희중대주교 로사리오 성모의 도미니코수녀회(오하정 수녀) 목동성당(민병덕 신부) 문정동성당(이철호 신부) 박동균신부 박상수신부 박영규사도요한 박용선소화데레사 박정자소화데레사 박종호시몬 박찬윤신부 박표열정혜엘리사벳 박현숙글라라 방배4동성당(최동진 신부) 배기현주교 배옥순시모니아 분당성마리아성당(윤종대 신부) 사랑의시튼수녀회(김영선 수녀) 상도동성당(곽성민 신부) 서명숙루치아 서인숙아네스 서초동성당(이찬일 신부) 서호숙데레사 세종로성당(박동균 신부) 성도미니코선교수녀회(안소근 수녀) 손삼석주교 손희송주교 송기인신부 송인섭안드레아 신수정비비안나 신옥현루시아 심상태몬시뇰 양정희루시아 여규태요셉 염수정추기경 오금동성당(박희원 신부) 오승원신부 원종철신부 위재숙아나다시아 유경촌주교 유덕희(경동제약 회장) 유식용(일도TCS 회장) 유영숙스콜라스티카 †윤정자님파 이경상신부 이계숙루시아 이동익신부 이동호신부 이문동성당(박동호 신부) 이민주신부 이명순토마스 이범현신부 이병호주교 이선용알베르토 이완숙미카엘라 이용훈주교 이윤하신부 †이정국미카엘 이정석요한 이종상요셉 이 진안드레아 이준영아우구스티노 이화주가브리엘라 이효재로마노 임경희미카엘라 잠원동성당(박항오 신부) 장석호모세 장우일레오 장춘복세바스티아나 장혜순카타리나 (재)신학과사상(백운철 신부) 전상요안나 전상직(더맨 회장) 절두산순교성지성당(정연정 신부) 정달용신부 정미애율리안나 정순택대주교 정복신안나 정영숙(다빈치 회장) 정의채몬시뇰 정종휴암브로시오 †정진석추기경 조 광이냐시오 조규만주교 조신호델피노 조용주마리안나 조욱현신부 차상금이사벨 최명주율리아 최미묘분다 최학분에디타 하계동성당(김웅태 신부) 학교법인가톨릭학원(김영국 신부) 한무숙문학관(김호기 박사) 혜화동성당(홍기범 신부) 홍순자요셉피나 황예성세실리아

지금까지 출간된 분책(2021년 현재)

- 제1권(I, qq.1-12), [하느님의 존재], 정의채 옮김, 1985, 3판 2014, 751쪽.
  제1문 거룩한 가르침에 관하여. 제2문 신론 - 하느님이 존재하는가. 제3문 하느님의 단순성에 대하여. 제4문 하느님의 완전성에 대하여. 제5문 선 일반에 대하여. 제6문 하느님의 선성에 대하여. 제7문 하느님의 무한성에 대하여. 제8문 사물에 있어서의 하느님의 실재에 대하여. 제9문 하느님의 불변성에 대하여. 제10문 하느님의 영원성에 대하여. 제11문 하느님의 일체성(단일성)에 대하여. 제12문 하느님은 우리에게 어떻게 인식되는가에 대하여.

- 제2권(I, qq.13-19), [하느님의 생명], 정의채 옮김, 1993, 2판 2014, 572쪽.
  제13문 하느님의 명칭에 대하여. 제14문 하느님의 지식에 대하여. 제15문 이데아에 대하여. 제16문 진리에 대하여. 제17문 허위에 대하여. 제18문 하느님의 생명에 대하여. 제19문 하느님의 의지에 대하여.

- 제3권(I, qq.20-30), [하느님의 작용과 위격], 정의채 옮김, 1994, 2판 2000, 495쪽.
  제20문 하느님의 사랑에 대하여. 제21문 하느님의 정의와 자비에 대하여. 제22문 하느님의 섭리에 대하여. 제23문 예정에 대하여. 제24문 생명의 책에 대하여. 제25문 하느님의 능력에 대하여. 제26문 하느님의 지복에 대하여. 제27문 하느님의 위격들의 발출에 대하여. 제28문 하느님 안에서의 관계들에 대하여. 제29문 하느님의 위격들에 대하여. 제30문 하느님 안에서의 위격들의 복수성에 대하여.

- 제4권(I, qq.31-38), [위격들의 구별], 정의채 옮김, 1997, 293쪽.
  제31문 하느님 안에서 단일성 혹은 복잡성에 속하는 것들에 대하여. 제32문 하느님의 위격들의 인식에 대하여. 제33문 성부의 위격에 대하여. 제34문 성자의 위격에 대하여. 제35문 모습(혹은 모상)에 대하여. 제36문 성령의 위격에 대하여. 제37문 사랑이라는 성령의 명칭에 대하여. 제38문 은사라는 성령의 명칭에 대하여.

- 제5권(I, qq.39-43), [위격들의 관계], 정의채 옮김, 1998, 345쪽.
  제39문 본질과 비교된 위격들에 대하여. 제40문 관계들 내지는 고유성들과의 비교에 있어서의 위격들에 대하여. 제41문 인식 표징적(혹은 식별 표징적) 작용들과의 비교에 있어서의 위격들에 대하여. 제42문 하느님의 위격들 상호간의 동등성과 유사성에 대하여. 제43문 하느님의 위격들의 파견에 대하여.

- 제6권(I, qq.44-49), [창조], 정의채 옮김, 1999, 339쪽.
  제44문 피조물들의 하느님으로부터의 발출과 모든 유의 제1원인에 대하여. 제45문 사물들의 제1근원으로부터의 유출의 양태에 대하여. 제46문 창조된 사물들의 지속의 시작에 대하여. 제47문 사물들의 구별 일반에 대하여. 제48문 사물들의 구별에 대한 각론. 제49문 악의 원인에 대하여.

- 제7권(I, qq.50-57), [천사], 윤종국 옮김, 정의채 감수, 2010, 379쪽.
  제50문 천사의 실체 자체에 대하여. 제51문 천사와 물체의 비교에 대하여. 제52문 장소에 대한 천사의 비교에 대하여. 제53문 천사의 장소적 운동에 대하여. 제54문 천사의 인식 작용에 대하여. 제55문 천사의 인식 수단에 대하여. 제56문 비물질적 사물의 일부에서 얻는 천사의 인식에 대하여. 제57문 질료적 사물들의 성찰에 따른 천사의 인식에 대하여.

- 제8권(I, 58-64), 천사의 활동, 강윤희 옮김, 2020, 368쪽.
  제58문 천사의 인식 양태에 대하여. 제59문 천사의 의지에 대하여. 제60문 천사의 사랑 혹은 애정에 대하여. 제61문 천사가 본성적 존재로 창조되었음에 대하여. 제62문 천사가 은총과 영광의 상태로 완성됨에 대하여. 제63문 천사의 악의와 탓에 대하여 제64문 악령들의 형벌에 대하여.

- 제9권(I, qq.65-74), [우주 창조], 김춘오 옮김, 정의채 감수, 2010, 424쪽.
  제65문 물체적 피조물들의 창조 작업에 대하여. 제66문 구별에 대한 피조물의 질서에 대하여. 제67문 자체 안에서의 구별 작업에 대하여. 제68문 둘째 날의 작업에 대하여. 제69문 셋째 날의 작업에 대하여. 제70문 넷째 날에 대한 장식 작업에 대하여. 제71문 다섯째 날에 대하여. 제72문 여섯째 날에 대하여. 제73문 일곱째 날에 속한 어떤 것에 대하여. 제74문 공통적인 것들 안에서 모든 일곱 날에 대하여.

■ 제10권(I, qq.75-78), [인간], 정의채 옮김, 2003, 383쪽.
제75문 인간론: 영적 실체와 물체적 실체로 복합된 인간에 대하여. 제76문 혼의 신체와의 하나됨(합일)에 대하여. 제77문 혼의 능력 일반에 속하는 것들에 대하여. 제78문 혼의 개별적 능력들에 대하여.

■ 제11권(I, qq.79-83), [인간 영혼의 능력], 정의채 옮김, 2003, 320쪽.
제79문 지성적 능력들에 대하여. 제80문 욕구적 능력 일반에 대하여. 제81문 감성적 능력에 대하여. 제82문 의지에 대하여. 제83문 자유의사에 대하여.

■ 제12권(I, qq.84-89), [인간의 지성], 정의채 옮김, 2013, 511쪽.
제84문 신체와 결합된 영혼은 어떻게 자신보다 하위에 있는 물체적인 것들을 인식하는가. 제85문 지성 인식의 양태와 서열에 대하여. 제86문 우리 지성은 질료적 사물들에 있어 무엇을 인식하는가. 제87문 지성적 혼은 어떻게 자기 자신과 자기 안에 있는 것들을 인식하는가. 제88문 인간 혼은 어떻게 자기의 상위에 있는 것들을 인식하는가. 제89문 분리된 영혼의 인식에 대하여.

■ 제13권(I, qq.90-102), [하느님의 모상으로 창조된 인간], 김율 옮김, 2008, 505쪽.
제90문 인간 혼의 첫 산출에 대하여. 제91문 첫 인간의 신체의 산출에 대하여. 제92문 여자의 산출에 대하여. 제93문 인간의 산출 목적 또는 결말에 대하여. 제94문 첫 인간의 지성 상태와 조건에 대하여. 제95문 첫 인간의 의지에 관련된 사항들, 곧 은총과 정의에 대하여. 제96문 무죄의 상태에서 인간이 가지고 있던 지배권에 대하여. 제97문 첫 인간의 상태에서 개인의 보존. 제98문 종의 보존에 대하여. 제99문 태어났을 자손의 신체적 조건에 대하여. 제100문 태어났을 자손의 정의의 조건에 대하여. 제101문 태어났을 자손의 지식의 조건에 대하여. 제102문 인간의 거처, 곧 낙원에 대하여.

■ 제14권(I, qq.103-114), [하느님의 통치], 이상섭 옮김, 2009, 607쪽.
제103문 사물들의 통치 일반에 대하여. 제104문 하느님 통치의 특수한 결과들에 대하여. 제105문 하느님에 의한 피조물들의 변화에 대하여. 제106문 한 피조물은 다른 피조물들을 어떻게 움직이는가. 제107문 천사들의 말에 대하여. 제108문 위계와 질서에 따르는 천사들의 질서지움에 대하여. 제109문 악한 천사들의 질서지움에 대하여. 제110문 물체적 피조물들에 대한 천사들의 통할에 대하여. 제111문 인간들에 대한 천사들의 작용에 대하여. 제112문 천사들의 파견에 대하여. 제113문 선한 천사들의 보호에 대하여. 제114문 마귀들의 공격에 대하여.

- 제15권(I, qq.115-119), [우주의 질서], 김정국 옮김, 2010, 307쪽.
 제115문 물체적 피조물의 작용에 대하여. 제116문 숙명에 대하여. 제117문 인간의 작용과 관련된 것에 대하여. 제118문 혼과 관련한 인류의 번식에 대하여. 제119문 육체에 관련된 인류의 번식에 대하여.

- 제16권(I-II, qq.1-5), [행복], 정의채 옮김, 2000, 417쪽.
 제1문 인간의 궁극 목적에 대하여. 제2문 인간의 행복이 있는 것들에 대하여. 제3문 행복이란 무엇인가. 제4문 행복을 위해 요구되는 것들에 대하여. 제5문 행복에의 도달에 대하여.

- 제17권(I-II, qq.6-17), 인간적 행위, 이상섭 옮김, 2019, xlviii-444쪽.
 제6문 의지적인 것과 비의지적인 것에 대하여. 제7문 인간적 행위의 상황들에 대하여. 제8문 의지에 대하여, 의지는 무엇을 대상으로 갖는가? 제9문 의지의 동인에 대하여. 제10문 의지가 움직여지는 방식에 대하여. 제11문 향유라는 의지 작용에 대하여. 제12문 지향에 대하여. 제13문 수단과 관련된 의지의 작용인 선택에 대하여. 제14문 선택에 앞서는 숙고에 대하여. 제15문 수단과 관련된 의지 작용인 동의에 대하여. 제16문 수단과 관련된 의지의 작용인 사용에 대하여. 제17문 의지에 의해 명령된 작용에 대하여.

- 제18권(I-II, 18021), 도덕성의 원리, 이재룡 옮김, 2019, lx-264쪽.
 제18문 인간적 행위에서의 선성과 악성에 대하여. 제19문 의지의 내적 행위의 선성과 악성에 대하여. 제20문 인간의 외적 행위의 선성과 악성에 대하여. 제21문 인간적 행위의 귀결들과 그 선성 또는 악성에 대하여.

- 제19권(I-II, 22-30), 정념, 김정국 옮김, 2020, I-270쪽.
 제22문 영혼의 정념의 주체에 대하여. 제23문 정념 상호간의 차이에 대하여. 제24문 영혼의 정념들에 있어서 선과 악에 대하여. 제25문 정념들 상호간의 질서에 대하여. 제26문 사랑에 대하여. 제27문 사랑의 원인에 대하여. 제28문 사랑의 결과에 대하여. 제29문 미움에 대하여. 제30문 욕망에 대하여.

- 제20권(I-II, 31-39), 쾌락, 이재룡 옮김, 2020, lviii-236쪽.
  제31문 쾌락 그 자체에 대하여. 제32문 쾌락의 원인에 대하여. 제33문 쾌락의 결과에 대하여. 제34문 쾌락의 선성과 악성에 대하여. 제35문 고통 또는 슬픔 그 자체에 대하여. 제36문 슬픔 또는 고통의 원인에 대하여. 제37문 고통 또는 슬픔의 결과에 대하여. 제38문 슬픔 또는 고통의 결과에 대하여. 제39문 슬픔 또는 고통의 선성과 악성에 대하여.

- 제21권(I-II, 40-48), 두려움과 분노, 채이병 옮김, 2020, lxii-278쪽.
  제40문 분노적 정념들에 대하여. 먼저 희망과 절망에 대하여. 제41문 두려움 그 자체에 대하여. 제42문 두려움의 대상에 대하여. 제43문 두려움의 원인에 대하여. 제44문 두려움의 결과에 대하여. 제45문 담대함에 대하여. 제46문 분노 그 자체에 대하여. 제47문 분노를 일으키는 원인과 그 대처 수단에 대하여. 제48문 분노의 결과에 대하여.

- 제22권(I-II, 49-54), 습성, 이재룡 옮김, 2020, lviii-234쪽.
  제49문 습성의 실체 자체에 대하여. 제50문 습성의 주체에 대하여. 제51문 습성의 생성 원인에 대하여. 제52문 습성의 성장에 대하여. 제53문 습성의 소멸과 약화에 대하여. 제54문 습성의 구별에 대하여.

- 제23권(I-II, 55-67), 덕, 이재룡 옮김, 2020, lxxvi-558쪽.
  제55문 덕의 본질에 대하여. 제56문 덕의 주체에 대하여. 제57문 지성적 덕의 구별에 대하여. 제58문 도덕적 덕과 지성적 덕의 구별에 대하여. 제59문 도덕적 덕과 정념 사이의 구별에 대하여. 제60문 도덕적 덕들 상호간의 구별에 대하여. 제61문 추요덕에 대하여. 제62문 대신덕에 대하여. 제63문 덕의 원인에 대하여. 제64문 덕의 중용에 대하여. 제65문 덕들 사이의 상호 연관성에 다하여. 제66문 덕들의 동등성에 대하여. 제67문 후세에서의 덕의 지속에 대하여.

- 제24권(I-II, 68-70), 성령의 선물, 채이병 옮김, 2020, liv-152쪽.
  제68문 선물들에 대하여. 제69문 참행복에 대하여. 제70문 성령의 열매에 대하여.

- 제25권(I-II, 71-80), 죄, 안소근 옮김, 2020, I-452쪽.
  제71문 악습과 죄 자체에 대하여. 제72문 죄의 구별에 대하여. 제73문 죄들의 상호 비교에 대하여. 제74문 죄의 주체에 대하여. 제75문 죄의 일반적 원인에 대하여. 제76문 죄의 특수 원인에 대하여. 제77문 감각적 욕구 편에서 본 죄의 원인에 대하여. 제78문 죄의 원인인 악의에 대하여. 제79문 죄의 외부적 원인에 대하여(1): 하느님. 제80문 죄의 외부적 원인에 대하여(2): 악마

- 제26권(I-II, qq.81-85) 원죄, 정현석 옮김, 2021, lii-191쪽.
  제81문 인간 편에서의 원죄의 원인에 대하여. 제82문 원죄의 본질에 대하여. 제83문 원죄의 주체에 대하여. 제84문 어떤 죄가 죄의 원인이 된다는 점에서 죄의 원인에 대하여. 제85문 죄의 결과에 대하여.

- 제27권(I-II, qq.86-89) 죄의 결과, 윤주현 옮김, 2021, xlviii-164쪽.
  제86문 죄의 흠결에 대하여. 제87문 벌의 죄책에 대하여. 제88문 경죄와 사죄에 대하여. 제89문 경죄 자체에 대하여.

- 제28권(I-II, 90-97), 법, 이진남 옮김, 2020, I-289쪽.
  제90문 법의 본질에 대하여. 제91문 법의 종류에 대하여. 제92문 법의 효력에 대하여. 제93문 영원법에 대하여. 제94문 자연법에 대하여. 제95문 인정법에 대하여. 제96문 인정법의 효력에 대하여. 제97문 법의 개정에 관하여.

- 제29권(I-II, qq.98-105) 옛 법, 이경상 옮김, 2021, lxiv-608쪽.
  제98문 옛 법에 대하여. 제99문 옛 법의 규정들에 대하여. 제100문 옛 법의 도덕적 규정들에 대하여. 제101문 예식 규정들에 대하여. 제102문 예식 규정들의 원인에 대하여. 제103문 예식 규정들의 기한에 대하여. 제104문 사법 규정들에 대하여. 제105문 사법 규정들의 근거에 대하여.

- 제30권(I-II, qq.106-114) 새 법과 은총, 이재룡 옮김, 근간.
  제106문 복음적 법 그 자체에 대하여. 제107문 새 법과 옛 법의 비교에 대하여. 제108문 새 법에 포함되는 것들에 대하여. 제109문 은총의 필요성에 대하여. 제110문 하느님의 은총의 본질 대하여. 제111문 은총의 구분에 대하여. 제112문 은총의 원인에 대하여. 제113문 은총의 결과인 불경한 자들의 의화에 대하여. 제114문 공로에 대하여.